Inhalt

Auf den ersten und letzten Seiten des Buches findest du alle vorgestellten Arten als Übersicht.

Vögel

Wintergoldhähnchen 47

Zaunkönig 48

Waldlaubsänger 49

Rotkehlchen 50

Kleiber 51

Kohlmeise 52

Blaumeise 53

Buchfink 54

Singdrossel 55

Buntspecht 56

Vor den hinteren Klappen findest du weitere Vögel Pilze und Pflanzen.

Holger Haag

Was lebt im WALD?

85 HEIMISCHE TIERE & PFLANZEN

KOSMOS

Impressum

Mit Illustrationen von: Paschalis Dougalis/Kosmos (10): S. 52, 54 o., 56, 57, 58, 59, 60 r., 61, 107 (Buchfink, Hausrotschwanz); Andreas Gminder(1): S. 67, Marianne Golte-Bechtle/Kosmos (25): S. 11, 16, 17, 21, 28, 40, 46 u.r., 71 r., 72, 75, 76, 78, 79, 80, 81, 82, 83, 88 r., 89 l., 97 (Kellerassel, Schwarzer Moderkäfer), 100 (Eichel); Sigrid Haag/Kosmos (4): S. 54 (Buchecker), 87, 92 m.l., 100 (Buchecker, Haselnuss); Esther von Hacht (11) : S. 29, 33, 36 u.r., 37, 41 (Spur), 42, 43 (Spur), 45 (Spur), 46 (Spur), 56 (Federn), 105; Milada Krautmann (1): S. 93 u.; Wolfgang Lang (1): S. 30; Dr. Rita Lüder (3): S. 70, 71, 73 r.; Sonja Schadwinkel (15): S. 84, 85, 86, 87 (Samen), 88 l., 89, 90, 91, 92 o., 93 m.r., 100 o., 101 (Birke Samen, Esche Samen, Hain-Buche Samen, Linde Samen, Spitzahorn Samen); Gerhard Schmid (2): S. 10 u., 12; Steffen Walentowitz (42): S. 7 (Farn), 10 o., 11 (Tagpfauenauge, Zitronenfalter), 13, 14 o.r. u. o.l., 15, 19, 22, 23, 24, 25, 27, 32, 34, 35, 36 o., 38, 39, 41, 43 o. u. u.l., 44, 47, 48, 49, 50, 51, 53, 54 m., 55, 60 o., 62, 63, 64, 65, 66, 68, 97, 107 (Amsel, Ringeltaube, Rotkehlchen, Singdrossel, Star); Willfried Weigel (1): S. 31, Jürgen Willbarth (8): S. 18, 20, 26, 36 u.m., 37 (Spuren), 45, 46 m., 97;

Mit Farbfotos von:
Adobe Stock.com: Aigarsr (1): S. 106 u.; Andyastbury (1): S. 104 o.; Arctos (1): S. 17 u., ArTo (1): S. 9 (Dosen); Crimson (1): S. 98 o.; emer (1): S. 95; Harzimages (1): S. 94 m.; Henry Czauderna (1): 8; Irantzuarb (1): S. 96 u.l.; Joachim Neumann (1): S. 62; K.-U. Häßler (1): S. 13; Kitty (1): S. 103 o.r.; Klaus Eppele (1): S. 26; LianeM (1): S. 103 m.l.; margo555 (1): S. 102 o.; Miredi (1): S. 9 o.; npologuy (1): S. 94 u.; Pakhnyushchyy (1): S. 9 (Messer); Photophonie (1): S. 101 u.; PhotoSG (1): S. 9 (Schnur); sauletas (1): 96 m.; Serg Zastavkin (1): S. 106 m.l.; Smileus (1): S. 96; suerob (1): S. 55; Sven Petersen (1): S. 100; Tamara Kulikova (1): S. 103 u.; thanses (1): S. 67; wildpixproductions (1): S. 39; Xaver Klaussner (1): S. 40; XK (1): S. 106 o.; Zerbor (1): S. 102 u.;

Shutterstock.com:
Baskiwi (1): S. 64; costadelsol (1): S. 70; dwphotos (1): S. 12; fotoilluvids (1): S. 79; Gertjan Hooijer (1): S. 50; IbajaUsap (2): S. 52, 91; Imfoto (1): S. 84; Kauriana (1): S. 44 u.r.; Michel Pesata (1): S. 58; Mysikrysa (1): S. 82 u.r.; NWP images (1): S. 80; paikong (1): S. 81; Photolike (1): S. 82 u.l.; Qing Ding (1): S. 89; reptiles4all (1): S. 35; Suratwadee Karkkainen (1): S. 83; Tomas Hulik ARTpoint (1): S. 2/3

Weitere:
Toni Angermeyer (1): S. 47; Heiko Bellmann/Kosmos (10): S. 14, 15, 16. o.l., 19, 20, 28 m.l., 63 u.r., 77, 85, 98 m.; Bollmann (1): S. 65; Die Erlebnis AKADEMIE AG (Nationalpark Bayerischer Wald) (1): S. 97; Peter M. Gregor (1): S. 97; Robert Groß (1): S. 48; Holger Haag (1): S. 17; Frank Hecker (27): S. 11, 16 u., 18 m., 21 u., 24, 25, 27, 28 u., 30, 31, 37, 38, 42, 43, 45, 49, 57, 59, 63 m., 74, 86, 95 u., 98 u., 99 (Schmetterling und Raupe), 104 u., 105 m.; Alfred Limbrunner (2): S. 32, 37 m.r.; Georg Müller (1): S. 99 u.l.; Sauer/Hecker (1): S. 68; Schön/Gartenschatz GmbH (1): S. 10; Peter Schönfelder (1): S. 72; Sigrid Walter (1): S. 99 u.r.; Wolfgang Willlner (1): S. 53;

Die 32 Aufnahmen von Tierstimmen, die über die Kosmos-Plus App abrufbar sind, stammen von Jean C. Roché.

Umschlaggestaltung von Nakischa Scheibe unter Verwendung einer Fotografie von craigbirdphotos/shutterstock.com und Illustrationen (U4), Esther von Hacht: Igel; Sonja Schadwinkel: Fichtenzapfen

Klappengestaltung von Nakischa Scheibe unter Verwendung von von Fotografien von hydebrink/Adobe Stock.com: Stiel-Eiche; juliasv/ Adobe Stock.com: Hänge-Birke; Esther von Hacht: Fraßspuren; Frank Hecker: Fichte; Philipp/ Adobe Stock.com: Ahorn; pholidito/Fotolia.com: Rot-Buche.

Unser gesamtes lieferbares Programm und viele weitere Informationen zu unseren Büchern, Spielen, Experimentierkästen, Aktivitäten, Autorinnen und Autoren findest du unter **kosmos.de**

Gedruckt auf Cradle to Cradle™ zertifiziertem Papier.

ISBN: 978-3-440-17575-0
Redaktion: Leonie Duppke
Layout: Nakischa Scheibe und Sigrid Walter
Satz: Nakischa Scheibe
Produktion: Lena Santamaria
Druck und Bindung: Gugler Print
Printed in Austria / Imprimé en Autriche

*Nr 1 Button: * Quelle: Media Control MC Metis, Deutschland, FY 2022, WG 420- Natur und WG 422-Naturführer, Umsatz*

Inhalt

Seite

Los geht's! 6 – 9

Insekten, Spinnen, Tausendfüßer 10 – 28

Schnecken, Amphibien 29 – 32

Säugetiere 33 – 46

Vögel 47 – 62

Moose, Flechten, Pilze 63 – 67

Farne, Blumen 68 – 79

Sträucher, Bäume 80 – 95

Expedition in die Natur 95 – 107

Register 108 – 109

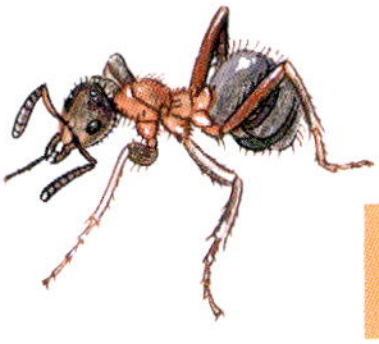

Haftungsausschluss

Alle Angaben in diesem Buch erfolgen nach bestem Wissen und Gewissen. Sorgfalt bei der Umsetzung ist indes dennoch geboten. Der Verlag und der Autor übernehmen keinerlei Haftung für Personen-, Sach- oder Vermögensschäden, die aus der Anwendung der vorgestellten Materialien und Methoden entstehen können.

Hallo, liebe Waldfreundin und lieber Waldfreund!

In diesem Buch findest du rund 100 einheimische Tiere und Pflanzen, die häufig in unseren Wäldern vorkommen. Auf deinen Exkursionen in den Wald werden dir sicher einige davon begegnen. Manche findest du eher in Laubwäldern, andere eher in Nadelwäldern. Je aufmerksamer du beobachtest und dir ihre Merkmale einprägst, desto mehr wirst du entdecken.

Bestimmen leicht gemacht

Die jeweilige Farbleiste am oberen Rand der Seite hilft dir bei der Suche nach den verschiedenen Tier- oder Pflanzenarten. Die unterschiedlichen Farben bezeichnen die verschiedenen **Tier- und Pflanzengruppen.**

Insekten, Spinnen, Tausendfüßer

Schnecken, Amphibien

Säugetiere

Vögel

Moose, Flechten, Pilze

Farne, Blumen

Sträucher, Bäume

Außerdem findest du auf jeder Seite noch folgende Zeichen:

Der Text neben der **Landschaft** verrät dir, wo du das Tier oder die Pflanze am ehesten finden kannst, ob du eher im Laub- oder Nadelwald suchen sollst und wo im Wald die Art vorkommt.

Die **farbige Leiste** ganz unten auf der Seite zeigt dir auf einen Blick an, in welchen Monaten du die jeweiligen Tiere beobachten kannst oder wann die Pflanzen und Bäume blühen. Die Hornisse fliegt zum Beispiel von April bis Oktober. Deshalb sind diese Monate farbig markiert.

Um die Größe schnell einschätzen zu können, gibt es vier Symbole. Damit du ungefähr abschätzen kannst, wie groß der Baum ist, der auf der jeweiligen Seite vorgestellt wird, steht unten auf den Seiten neben dem **Größenzeichen** jeweils noch die genaue **Größenangabe.**

Die große **Illustration** zeigt dir entweder das ganze Tier, die ganze Pflanze oder die auffälligsten Merkmale, zum Beispiel bei einem Baum einen Zweig mit Blättern, Blüten oder den typischen Früchten. Bei einigen Arten gibt es zusätzliche Zeichnungen oder Fotos, die dir weitere Infos geben oder auf Besonderheiten hinweisen.

Hinter manchen Tiernamen findest du dieses Zeichen 123 mit einem **Zahlencode.** Gib den dreistelligen Code in die kostenlose „KOSMOS Plus"-App ein und hör dir die jeweilige Tierstimme an! Genauere Infos über die App und darüber, wie du sie installieren kannst, findest du auf den Buchklappen.

Die hellblauen **Wichtig zu wissen!** -Kästen verraten dir interessante Zusatzinfos über die Tiere und Pflanzen. Die grünen **Schau genau!** - und die gelben **Mach mit!** -Kästen geben dir Tipps zum Beobachten und Selbermachen. In den orangefarbenen **Erstaunlich!** -Kästen findest du verblüffendes Detailwissen oder Rekorde.

Vorsicht!

Generell gilt: Wild wachsende Pflanzen oder Pflanzenteile niemals in den Mund nehmen oder gar essen! Denn viele Pflanzen, selbst wenn sie in diesem Buch kein Totenkopfsymbol tragen, sind ungenießbar oder leicht giftig. Von einigen Bäumen und Sträuchern kannst du die Früchte essen oder aus den Blüten und Blättern einen leckeren Tee zubereiten. Vorher solltest du die Pflanze aber immer einem Erwachsenen zeigen, der sich damit gut auskennt, und ihn um Erlaubnis fragen.

Der **Totenkopf** warnt dich vor sehr giftigen Pflanzen, die du auf gar keinen Fall in den Mund stecken darfst. Hast du eine dieser Pflanzen angefasst, wasche dir auf jeden Fall die Hände. Diese Warnhinweise solltest du unbedingt beachten!

Was ist eigentlich Wald?

Als Wald wird ein Gebiet bezeichnet, auf dem vor allem Bäume stehen. Die Fläche muss so groß sein, dass der Wald sein eigenes Klima hat, das heißt, dass sich die Temperatur und die Luftfeuchtigkeit im Wald deutlich von der Umgebung unterscheiden. Wälder können sehr verschieden sein, es gibt sie fast überall auf der Welt, vom undurchdringlichen Dschungel bis zum lichten, parkähnlichen Steppenwald. Mangrovenwälder haben sogar Salzwasser erobert. Nur da, wo es zu trocken, zu kalt, zu steil oder zu stürmisch ist, wachsen keine Wälder. Bei uns sind die Laubwälder typisch. In sandigen Gebieten und im Hochgebirge stehen aber auch natürliche Nadelwälder.

Wald, so weit das Auge reicht. Besuche doch einmal einen Baumwipfelpfad. Eine Wanderung durch die Baumkronen ist echt beeindruckend.

Ohne den Menschen wäre Deutschland fast vollständig von einem dichten Wald bedeckt. Doch vor circa 7 000 Jahren wurde der Mensch sesshaft und brauchte Land für sein Vieh und für den Ackerbau. Wälder wurden abgeholzt. Als die Bevölkerung wuchs, wurde immer mehr Holz zum Bauen, für Holzkohle, zum Salzsieden, für die Glasherstellung und den Bergbau benötigt. Die Wälder schrumpften, bis viel weniger Wald vorhanden war als heute. Erst die Entdeckung der Kohle als Heizmaterial führte dazu, dass weniger Bäume gebraucht wurden. Seitdem wächst der Waldanteil wieder und bedeckt heutzutage ein Drittel der Fläche Deutschlands.

Und außerdem ...

Du willst nicht nur Pflanzen und Tiere bestimmen, sondern auch noch mehr darüber erfahren, was man alles Spannendes rund ums Thema Wald selbst erleben kann? Dann blättere zu den Seiten 94 bis 107. Dort erfährst du beispielsweise, wie du die Höhe eines Baumes messen kannst, oder wann bestimmte Vögel morgens anfangen zu singen. Außerdem findest du dort weitere Infos über den Wald, zum Beispiel, wie wichtig er für das Klima oder das Grundwasser ist.

Raus in die Natur!

Du kannst durch große Wälder streifen, nach Tieren, Früchten oder Pilzen suchen, dir Verstecke bauen, auf Bäume klettern oder einfach nur die frische, kühle Luft genießen. Als Waldforscher solltest du immer einen Rucksack dabeihaben, wenn du in den Wald gehst. Was du bei dem Ausflug gut gebrauchen kannst sind: Lupe, Fernglas, Fotoapparat, Schnur und Draht zum Basteln, ein Schnitzmesser, Plastikboxen und Tüten zum Sammeln und natürlich dieses Bestimmungsbuch. Nimm auch etwas zu essen und zu trinken mit.

Nun aber raus in den Wald und viel Spaß beim Bestimmen, Erleben und Ausprobieren!

Das Landkärtchen

Den Namen verdankt das Landkärtchen dem Muster auf der Flügelunterseite. Die ist wie ein Straßennetz mit lauter Linien durchzogen und erinnert an eine Landkarte. Im Frühjahr ist die Oberseite orangebraun mit vielen schwarzen Flecken. Die zweite Generation Falter im Herbst ist dagegen braunschwarz mit einem etwas breiteren, cremefarbenen Band und schmalen rötlichen Bändern.

So sehen Landkärtchen aus, die im Herbst aus der Puppe schlüpfen.

Schau genau!

So unangenehm Brennnesseln sein können, für die Raupen der Schmetterlinge sind sie wichtige Futterpflanzen. Neben dem Landkärtchen legen noch wie hier das Tagpfauenauge, der Kleine Fuchs und der Admiral Eier auf Brennnesseln ab. Schaue dir die Brennnesselpflanzen einmal genau an.

In lichten Wäldern oder an Waldrändern findest du das Landkärtchen. Es braucht aber auch reichlich blühende Pflanzen und für die Eiablage Brennnesseln. Es lebt eher im Flachland und geht in den Bergen nicht über 1000 Meter Höhe.

Die Spannweite der ausgebreiteten Flügel beträgt 32 bis 43 mm.

Das Landkärtchen fliegt von April bis August.

Jan | Feb | Mär | Apr | Mai | Jun | Jul | Aug | Sep | Okt | Nov | D

Der Kleine Fuchs

Mit auseinandergefalteten Flügeln ist der Kleine Fuchs leicht zu erkennen. Die Flügel sind orangebraun und haben schwarze und gelbe Flecken am Vorderrand. Der Hinterrand ist schwarz mit kleinen blau schillernden Punkten. Mit zusammengefalteten Flügeln ist der Kleine Fuchs unauffällig dunkelbraun. Die Raupe ist schwarz mit gelben Längsstreifen und feinen, hellen Dornen.

Schau genau!

Nur wenige Schmetterlinge überwintern als ausgewachsener Falter, einer davon ist der Kleine Fuchs. Im Herbst sucht er sich eine möglichst wetterfeste Unterkunft wie eine Baumhöhle, Scheune oder ein Gartenhäuschen. Deshalb ist der Kleine Fuchs neben dem Zitronenfalter und dem Tagpfauenauge auch einer der ersten Schmetterlinge, die du im Frühjahr siehst.

Tagpfauenauge

Zitronenfalter

Der Kleine Fuchs ist einer der häufigsten Tagfalter. Er fliegt in allen offenen Lebensräumen, so auch an Waldrändern und Lichtungen. Zur Eiablage braucht der Falter Brennnesseln, nur die werden von den Raupen gefressen.

Die Spannweite der ausgebreiteten Flügel beträgt 40 mm.

Der Kleine Fuchs fliegt von März bis Oktober.

n | Feb | Mär | Apr | Mai | Jun | Jul | Aug | Sep | Okt | Nov | Dez

Die Dunkle Erdhummel 001

Sie ist eine unserer größten Hummeln und du kannst sie leicht an ihrer Färbung erkennen. Der Po ist weiß und hinter dem Kopf und auf dem Hinterleib hat sie einen orangegelben Streifen. Der restliche Körper ist schwarzbraun. An den Hinterbeinen sammelt sie den Blütenpollen, der dann richtig dicke „Höschen" bildet. Vorsicht, auch Hummeln können stechen.

Die Erdhummel kommt nicht tief im Wald vor, sondern ist in hellen, lichten Wäldern, an Waldwegen und vor allem am Waldrand unterwegs. Auch in Parks und Gärten fliegt die Erdhummel auf der Suche nach Nektar und Pollen.

Wichtig zu wissen!

Wie die Honigbiene lebt die Erdhummel in Staaten. Unter den heimischen Hummeln bildet sie mit bis zu 600 Hummeln die größten Völker. Die Nester werden fast immer unterirdisch angelegt, in alten Mäusenestern oder Maulwurfsbauten. Bis zu 1,5 Meter tief im Boden können sie sich befinden. Dort ist die Königin im Winter auch gut vor dem Frost geschützt.

Die Dunkle Erdhummel wird 11 bis 23 mm lang.

Die Dunkle Erdhummel fliegt von März bis November.

Jan	Feb	Mär	Apr	Mai	Jun	Jul	Aug	Sep	Okt	Nov	D

Die Skorpionsfliege

Die Skorpionsfliege ist an ihrer ungewöhnlichen Gestalt gut zu erkennen. Der Mund ist wie ein Schnabel verlängert, die Flügel sind dunkel gefleckt und deutlich geädert und die letzten Segmente des Hinterleibs sind rot. Bei den Männchen ist dieser wie bei einem Skorpion gebogen und dient der Begattung, bei den Weibchen ist er nur leicht nach oben gebogen und dient als Legeröhre.

Erstaunlich!

Spannend ist, dass die Skorpionsfliege sogar Spinnen ihre Beute aus dem Spinnennetz klaut. Sie klettert über das Netz, ohne kleben zu bleiben, beziehungsweise kann sich mit ihrem Speichel wieder lösen. Merkwürdig ist auch, dass die Spinnen den Diebstahl sogar bemerken, aber die Skorpionsfliege nicht angreifen. Warum das so ist, haben Forschende noch nicht herausgefunden.

Männchen

In feuchten Wäldern oder an schattigen Waldrändern und Wegen ist die Skorpionsfliege unterwegs. Dort sucht sie nach toten Insekten oder klaut sie von anderen Tieren.

Weibchen

Die Skorpionsfliege wird 30 mm lang.

Die Skorpionsfliege fliegt von Mai bis August.

n | Feb | Mär | Apr | Mai | Jun | Jul | Aug | Sep | Okt | Nov | Dez

Die Eichen-Gallwespe

Die eigentliche Wespe ist sehr klein und unscheinbar. Sie ist schwarzbraun und hat ziemlich große Flügel. Auffälliger sind dagegen die Gallen, die du auf der Blattunterseite von Eichenblättern finden kannst. Sie sind kugelrund und etwa so groß wie eine Murmel. Am Anfang sind sie grün, später bekommen sie auch rötliche Stellen. In jeder Galle wächst eine Gallwespenlarve auf und entwickelt sich.

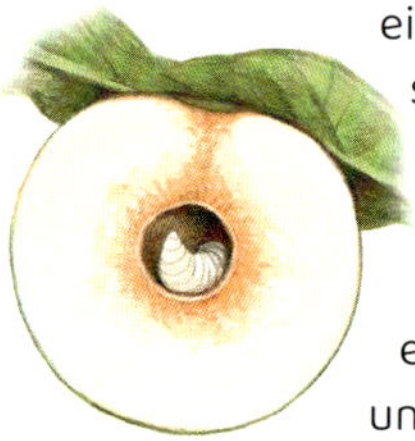

Die Eichen-Gallwespe und ihre Gallen sind sehr häufig und nur an Eichen zu finden.

Schau genau!

In Deutschland gibt es circa 300 verschiedene Gallwespen. Die meisten davon erzeugen auch Gallen. Die Wespen legen ihre Eier in die Rinde oder Blätter von Pflanzen. Damit geben sie auch einen Wuchsstoff ab, der die Pflanze veranlasst, eine Galle zu bilden. Gallen können sehr unterschiedlich aussehen. Schaue, ob du noch andere Gallen findest. Gallen können auch von Viren, Bakterien, Pilzen und Milben ausgelöst werden.

Die Eichen-Gallwespe wird bis zu 4 mm groß.

Die Eichen-Gallwespe findest du von November bis Juli.

Jan	Feb	Mär	Apr	Mai	Jun	Jul	Aug	Sep	Okt	Nov	D

Die Riesenholzwespe

Sie ist eine auffallend große Holzwespe, die wegen ihrer gelb-schwarzen Färbung gern mit einer Hornisse verwechselt wird. Gut erkennen kannst du sie an ihren zwei gelben Wangenflecken und ihren zwei langen, gelben Fühlern. Der Hinterleib ist gelb und hat einen langen Legebohrer. Das Männchen ist deutlich kleiner und hat einen gelbrötlichen Hinterleib.

Erstaunlich!

Den dünnen Legebohrer kann die Riesenholzwespe tief ins Holz stecken und ihre Eier ablegen. Die Larven fressen lange Gänge in das Holz. Bis sie schlüpfen, brauchen sie bis zu fünf Jahre. Manchmal ist das Holz dann schon verbaut und die Riesenholzwespe schlüpft tatsächlich im Haus.

Sie kommt regelmäßig in Nadelwäldern vor, da sie ihre Eier vorwiegend in Fichten und Tannen legt. Besonders an schwülheißen Tagen sieht man sie an liegenden Baumstämmen.

Die Riesenholzwespe wird 15 bis 40 mm lang.

Die Riesenholzwespe fliegt von Juni bis September.

n | Feb | Mär | Apr | Mai | Jun | Jul | Aug | Sep | Okt | Nov | Dez

Die Hornisse

002

Allein durch ihre Größe unterscheidet sich die Hornisse von den kleineren Wespen. Sonst erkennst du sie an der schwarz-roten Brust und dem roten Hinterkopf. Der Hinterleib ist rot, schwarz und vor allem gelb. Im Frühjahr fliegen nur die besonders großen Königinnen.

Hornissen bauen ihr Nest aus zerkautem Holz.

Wichtig zu wissen!

Vor Hornissen brauchst du keine Angst zu haben. Wenn du sie nicht gerade ärgerst oder ihrem Nest zu nah kommst, sind sie nicht aggressiv. Ihr Stich ist nicht gefährlicher als der einer Biene oder Wespe. Hornissen sind nützliche Tiere, denn ein großes Volk fängt bis zu einem halben Kilo Insekten pro Tag, darunter viele schädliche Insekten.

In lichten Wäldern, an Waldrändern, in Parks und auch Gärten kommt die Hornisse regelmäßig vor. Die gelblichen bis rötlichen Nester werden in Baumhöhlen, Nistkästen oder Dachböden angelegt. Als Futter für ihre Brut fangen Hornissen andere Insekten. Selbst schlecken sie Baumsäfte oder süßes Fallobst.

Die Hornisse wird 18 bis 35 mm lang.

Die Hornisse fliegt von April bis Oktober.

Jan	Feb	Mär	Apr	Mai	Jun	Jul	Aug	Sep	Okt	Nov	D

Die Rote Waldameise

Über eine Million Waldameisen können in einem Ameisenstaat zusammenleben. Bei der Roten Waldameise sind Kopfoberseite, Beine und Hinterleib braunschwarz. Der restliche Körper ist rötlich gefärbt. Die Königin und das Männchen siehst du nur, wenn sie jung sind und gerade ausschwärmen. Nur dann haben sie Flügel. Den Rest ihres langen Lebens verbringt die Königin im Bau und legt Eier.

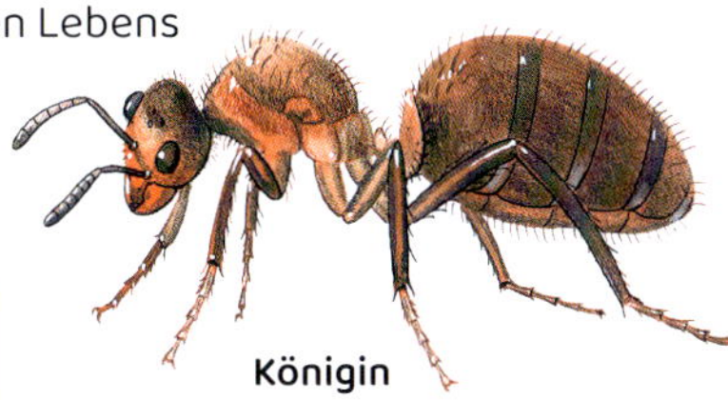
Königin

Mach mit!

Förster lieben die Roten Waldameisen, da sie viele schädliche Insekten fressen. Das kannst du übrigens gut an den Pflanzen um einen Ameisenhaufen erkennen, denn sie wachsen dort viel besser. Bei Störungen verteidigen die Ameisen ihr Nest und bespritzen den Feind mit Ameisensäure. Halte doch mal eine blaue Glockenblume an das Nest. Dort, wo die Ameisen mit ihrer Säure die Blüte treffen, wird sie rosa.

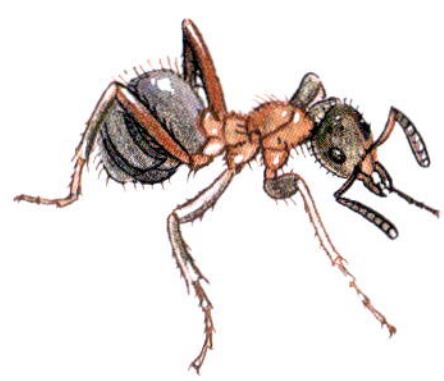
Arbeiterin

geflügeltes Männchen

Die bis zu zwei Meter hohen Ameisenhaufen werden meist an sonnigen Stellen in Nadelwäldern angelegt. Der oberirdische Bau besteht vorwiegend aus Nadeln und ist unter der Erde noch einmal so groß. Die Ameisen sind ständig damit beschäftigt, ihn um- und auszubauen.

Ameisenhaufen

Arbeiterinnen werden 5 bis 7 mm, Königinnen 9 bis 11 mm lang.

Die Rote Waldameise ist von April bis Oktober unterwegs.

Feb | Mär | Apr | Mai | Jun | Jul | Aug | Sep | Okt | Nov | Dez

Der Lederlaufkäfer

Der größte heimische Laufkäfer ist tiefschwarz gefärbt und glänzt manchmal etwas metallisch. Die großen Flügeldecken sind unregelmäßig gerunzelt. Mit seinen langen Beinen ist er ein schneller Läufer. Die Fühler sind relativ kurz und dünn. Dafür sind die Kiefer sehr kräftig und lassen die Beute (Würmer und Schnecken) nicht so schnell wieder los.

Erstaunlich!

Die großen Kiefer dienen vor allem dem Festhalten und Töten der Beute. Gefressen wird anders: Dafür würgt der Käfer einen Verdauungssaft auf seine Beute, der Fang wird dadurch aufgelöst und vorverdaut. Dann muss der Käfer nur noch den Brei aufschlürfen. Auch bei Gefahr gibt der Käfer den Verdauungssaft ab und spritzt gleichzeitig ein stark reizendes Sekret aus dem Hinterleib, um die Feinde abzuwehren.

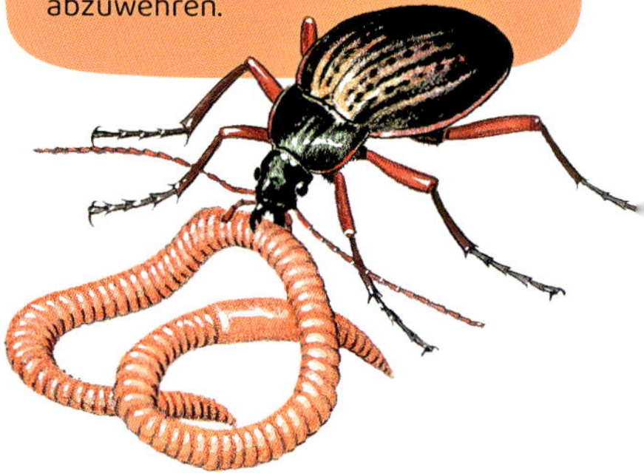

Den Lederlaufkäfer findest du in leicht feuchten Laub- und Mischwäldern. Im Norden ist er etwas seltener. Er ist nachtaktiv und versteckt sich tagsüber in kleinen Erdlöchern, unter Steinen und Holzstücken.

Larve des Lederlaufkäfers

Der Lederlaufkäfer wird 30 bis 40 mm lang.

Der Lederlaufkäfer ist von April bis Oktober unterwegs.

Jan | Feb | Mär | Apr | Mai | Jun | Jul | Aug | Sep | Okt | Nov

Der Wald-Mistkäfer

Der schwarze, rundliche Käfer fällt durch einen violetten oder bläulichen Metallglanz auf. Die Flügeldecken sind längs gefurcht. Die Fühler sind an der Spitze fächerförmig verbreitert. Damit kann er seine Lieblingsnahrung, nämlich Kot und Mist, schon von Weitem riechen. Auch die Vorderbeine sind etwas verbreitert und an der Außenseite grob gesägt.

Mit den verbreiterten Vorderbeinen lässt es sich gut graben.

Wichtig zu wissen!

Auf uns wirkt es etwas eklig, aber die Mistkäfer ernähren sich vom Kot anderer Tiere. Der Wald-Mistkäfer frisst auch gern den vom Menschen. Das ist für die „Sauberkeit" im Wald sehr wichtig. Wenn die Käfer ihre Eier legen, graben sie ein Loch in die Erde, von dem mehrere Kammern abgehen. In diese Kammern werden Kotpillen als Nahrung für die Larven gelegt.

Der Wald-Mistkäfer kommt in unseren Wäldern häufig vor, vom Flachland bis in 2 000 Meter Höhe in den Bergen. Er gibt sogar Töne von sich. Hältst du dir einen Käfer ans Ohr, kannst du seine Protestlaute hören.

Der Wald-Mistkäfer wird 12 bis 19 mm lang.

Der Wald-Mistkäfer ist von Mai bis Oktober unterwegs.

n | Feb | Mär | Apr | Mai | Jun | Jul | Aug | Sep | Okt | Nov | Dez

Der Hirschkäfer

Unser größter heimischer Käfer ist der Hirschkäfer. Das Männchen ist an seinem geweihartig vergrößerten Oberkiefer leicht zu erkennen. Beim Weibchen ist er kleiner. Die Flügeldecken sind dunkel- bis kastanienbraun, während Kopf und Halsschild glänzend schwarz sind.

kämpfende Hirschkäfermännchen

Hirschkäfer kommen in alten, natürlichen Eichenwäldern und Alleen, manchmal auch in Rindenmulchhaufen vor. Der Hirschkäfer gehört heute zu den stark gefährdeten Arten.

Bis zu drei Zentimeter lang kann das „Geweih" werden.

Wichtig zu wissen!

Die Larven leben fünf bis acht Jahre in zermürbtem Totholz, meist von Eichen, und können bis zu zehn Zentimeter lang werden. Dann verpuppen sie sich in einer faustgroßen Höhle in der Erde und entwickeln sich zum Käfer. Da viel Totholz in den Wäldern weggeräumt wird, fehlt es den Käfern an geeigneten Stellen zur Eiablage. So ist der Hirschkäfer selten geworden.

Der Hirschkäfer wird 25 bis 75 mm lang.

Der Hirschkäfer ist von Juni bis etwa August unterwegs.

Jan | Feb | Mär | Apr | Mai | Jun | Jul | Aug | Sep | Okt | Nov

Der Rote Halsbock

Männchen und Weibchen sehen deutlich verschieden aus. Das Männchen ist kleiner, hat gelblich braune Flügeldecken und einen schwarzen Halsschild. Das Weibchen ist größer und bei ihm sind die Flügeldecken und der Halsschild rotbraun. Die Fühler sind mittellang und die Schenkel der Beine schwarz.

Schau genau!

Bockkäfer gehören mit ihren meist körperlangen Fühlern und ihrer oft hübschen Färbung zu den schönsten heimischen Käfern. Die meisten Käferlarven ernähren sich von Holz, so ist es auch beim Roten Halsbock. Du findest ihn auf toten Fichten- und Kiefernholzstämmen, in die das Weibchen seine Eier legt.

Rothalsbock-Käfer bei der Paarung. Weibchen sind mehr rötlich, die Männchen eher bräunlich gefärbt.

Auf Waldlichtungen und an Waldrändern findest du ihn sicher, den Roten Halsbock, der einer unserer häufigsten Bockkäfer ist. Er sitzt meist auf Doldenblüten, wo er den Pollen oder Teile der Blüte frisst.

Der Rote Halsbock wird 10 bis 20 mm lang.

Der Rote Halsbock ist von Juni bis September unterwegs.

n | Feb | Mär | Apr | Mai | Jun | Jul | Aug | Sep | Okt | Nov | Dez

Der Scharlachrote Feuerkäfer

Es gibt nur wenige Käferarten mit einer so leuchtend roten Färbung. Nur der Kopf, die Beine und die Fühler sind schwarz. Das Männchen ist eher orangerot gefärbt, außerdem hat es kammförmige Fühler, während die Fühler der Weibchen mehr gesägter sind.

Mach mit!

Unter der losen Rinde von abgestorbenen Bäumen findest du die Larven des Feuerkäfers. Sie sind hellorange gefärbt und flach. Am Hinterende besitzen die Larven zwei dornenartige Fortsätze. Unter der Rinde leben sie zwei bis drei Jahre lang und machen Jagd auf andere Käferlarven. Da sie dabei viele holzfressende Käferlarven erbeuten, gelten sie bei den Förstern als Nützlinge. Störe sie also nicht lange und decke sie wieder zu.

Den Feuerkäfer kannst du in Laubwäldern, an Waldrändern und Lichtungen beobachten. Er ist überall sehr häufig. Suche auf Blüten nach ihm, denn er frisst die Pollen und den Nektar. Er saugt aber auch gerne süße Pflanzensäfte und den Honigtau von Blattläusen.

Der Scharlachrote Feuerkäfer wird 8 bis 20 mm lang.

Den Scharlachroten Feuerkäfer findest du von Mai bis Juli.

Jan | Feb | Mär | Apr | Mai | Jun | Jul | Aug | Sep | Okt | Nov | D

Der Totengräber

An seiner Rückenzeichnung ist der Totengräber gut zu erkennen. Die schwarzen Flügeldecken haben zwei orangerote, gezackte Querbinden und sind am Ende wie gerade abgeschnitten. Am Rand der Flügeldecken erkennst du kurze gelbliche Haare. Die verdickte Spitze der Fühler ist rötlich gefärbt.

Erstaunlich!

Der Totengräber gehört zur „Gesundheitspolizei" der Natur, da er viele tote Kleintiere vergräbt. Findet ein männlicher Käfer eine tote Maus, lockt er erst einmal ein Weibchen an. Gemeinsam untergraben sie die Maus, bis sie im Boden verschwindet. Dann legt das Weibchen in einer Seitenkammer seine Eier ab. Die geschlüpften Larven wandern zu der toten Maus. Dort wartet die Mutter auf sie und versorgt sie so lange mit Nahrung, bis sie selbst von der toten Maus fressen können.

Meist findest du den Totengräber auf Waldwegen oder Lichtungen an einem toten Tier, zum Beispiel einer Maus. Er ist überall häufig.

Der Totengräber wird 12 bis 22 mm lang.

Der Totengräber ist von April bis September unterwegs.

Jan	Feb	Mär	Apr	Mai	Jun	Jul	Aug	Sep	Okt	Nov	Dez

Die Lappländische Waldschabe

Männchen und Weibchen der Waldschabe unterscheiden sich. Die Männchen sind größer, haben lange Flügel, mit denen sie fliegen können, und einen dunklen Halsschild mit hellem Saum. Das Weibchen ist etwas kleiner, die Flügel reichen ihm nicht bis zum Hinterende und es hat einen hellbraunen Halsschild. Beide besitzen lange Fühler. Auf den Flügeln erkennst du einzelne dunkle Flecken.

Wichtig zu wissen!

Küchenschabe

Schaben leben schon seit 300 Millionen Jahren auf der Erde. Da sie so robust und widerstandsfähig sind, haben sie bis heute überlebt. Viele Menschen denken bei dem Wort Schabe erst einmal an die Küchenschabe. Diese ist tatsächlich ein unangenehmer Hausbewohner. Doch von den weltweit circa 4 500 Schabenarten sind die meisten harmlos.

Die Lappländische Waldschabe lebt häufig an Waldrändern und in Gebüschen. Als Allesfresser ist sie in der Bodenstreu und vor allem tagsüber unterwegs.

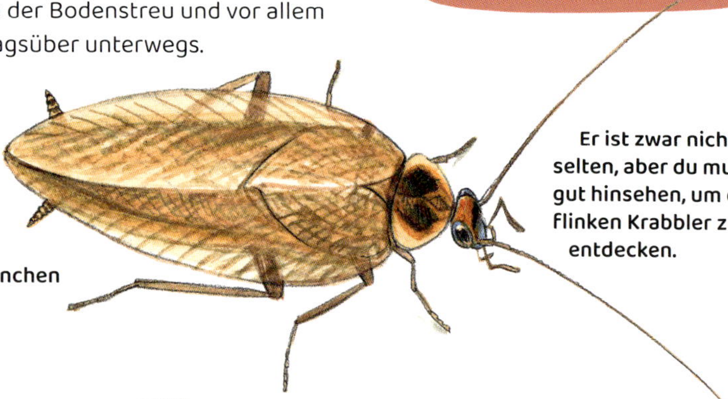

Männchen

Er ist zwar nicht selten, aber du musst gut hinsehen, um den flinken Krabbler zu entdecken.

Die Lappländische Waldschabe wird 7 bis 11 mm lang.

Die Lappländische Waldschabe ist von Mai bis September unterwegs.

Jan | Feb | Mär | Apr | Mai | Jun | Jul | Aug | Sep | Okt | Nov | D

Die Rollassel

Bei Gefahr wird dicht gemacht.

Die Rollassel sieht einer Kellerassel sehr ähnlich, ihr Körper ist aber hochgewölbter und wirkt viel geschlossener. Die Segmente sind fein punktiert und haben manchmal helle Flecken. Bei Gefahr kann sich die Rollassel, wie ihr Name sagt, zu einer geschlossenen Kugel fest zusammenrollen.

Die Rollassel lebt vor allem in Wäldern. Eigentlich mag sie es lieber feucht, kommt aber wie die Kellerassel auch an trockeneren Orten vor. An steinigen Stellen und auf kalkhaltigen Böden ist sie häufig zu finden.

Wichtig zu wissen!

Die Asseln gehören zu der Familie der Krebse. Sie haben sich dem Leben an Land vollständig angepasst und sind die einzigen Krebse, die nicht einmal zur Vermehrung Wasser brauchen. Der Rollassel sehr ähnlich ist übrigens der Saftkugler, der sich auch zu einer Kugel zusammenrollen kann. Er gehört aber zu den Tausendfüßern und hat mehr Segmente als die Rollassel.

Die Rollassel wird 10 bis 12 mm lang.

Die Rollassel ist von April bis November unterwegs.

n | Feb | Mär | Apr | Mai | Jun | Jul | Aug | Sep | Okt | Nov | Dez

Der Schwarze Schnurfüßer

Der lange, braunschwarze Körper des Tausendfüßers besteht aus circa 41 bis 56 Segmenten. An jedem Segment sitzen zwei weißliche Beinpaare, deshalb gehört er in die Gruppe der Doppelfüßer. So kommt er auf knapp über 200 Beine. Junge Tiere sind bräunlich und haben drei dunkle Längsbänder. Bei Gefahr rollt sich der Schwarze Schnurfüßer wie eine Schnecke zusammen.

Erstaunlich!

Den Rekord an Beinen hält ein Tausendfüßer in Australien, der bei einer Länge von 9,5 Zentimetern bis zu 1306 Beine hat. Wesentlich länger ist der Riesenschnurfüßer aus Afrika mit einer Rekordlänge von 38 Zentimetern. Das ist aber nichts gegen Arthropleura aus dem Erdaltertum. Der Riese wurde 2,5 Meter lang.

Er lebt in allen Arten von Wäldern in der feuchten Laubschicht oder unter Rinden. Oft kann man ihn aber auch an der Bodenoberfläche beobachten und er krabbelt sogar auf Bäume hinauf. Meist ist er nachtaktiv, zeigt sich aber auch immer wieder mal tagsüber. Er frisst Algen und Früchte.

Beobachte einmal das „Zusammenspiel" der Beine, wenn ein Tausendfüßer läuft.

Der Schwarze Schnurfüßer wird 19 bis 49 mm lang.

Der Schwarze Schnurfüßer ist von April bis November unterwegs.

Jan | Feb | Mär | Apr | Mai | Jun | Jul | Aug | Sep | Okt | Nov | D

Der Steinläufer

Der rötlich braune Steinläufer hat 15 Beinpaare. Das letzte Beinpaar ist länger als die anderen. Damit hält er seine Beute fest, denn er jagt andere Insekten, Spinnen und Asseln. Hat er sie gepackt, lähmt er sie mit dem Gift seiner Giftdrüsen, zerteilt sie mit seinen kräftigen Kieferklauen und frisst sie auf. Vorsicht, die Kiefer dringen auch durch Menschenhaut! Das fühlt sich an wie ein Wespenstich.

Die nachtaktiven Tiere sind in Wäldern, Parks und Gärten verbreitet. Du findest sie unter der Rinde modriger Baumstämme oder unter Steinen. Der Steinläufer kann bis zu sechs Jahre alt werden.

Mach mit!

Unter der Rinde morscher Bäume, unter Steinen und Holzstücken verstecken sich Tiere, die es gern dunkel und feucht mögen, verstecken sich unter der Rinde morscher Bäume, unter Steinen und Holzstücken. Diese kannst du vorsichtig umdrehen, um nach Tieren zu suchen. Lege bitte alles hinterher genauso wieder zurück, wie du es gefunden hast. So störst du die Tiere möglichst wenig.

Der Steinläufer wird 20 bis 32 mm lang.

Der Steinläufer ist das ganze Jahr über unterwegs.

n | Feb | Mär | Apr | Mai | Jun | Jul | Aug | Sep | Okt | Nov | Dez

Die Wald-Wolfspinne

Der Vorderkörper ist an den Seiten dunkelbraun und hat in der Mitte einen breiten cremefarbenen Längsstreifen. Der Hinterkörper ist gräulich bis rötlich braun und hat helle Punktpaare. Auf den braunen Beinen kannst du dunklere Flecken erkennen. Schaust du der Spinne mit einer Lupe in die Augen, wirst du staunen: Es sind acht Stück, wie übrigens bei den meisten Spinnen.

Den Eikokon trägt die Spinne mit sich herum, bis die kleinen Spinnen schlüpfen.

Wichtig zu wissen!

Vorsicht vor dem Biss der Zecke. Sie kann gefährliche Krankheiten wie die Frühsommer-Meningoenzephalitis (FSME) und Borreliose übertragen. Stecke die Hosenbeine in die Socken und ziehe ein langärmeliges T-Shirt an. So kommt sie nicht so leicht an deine Haut. Lasse dich nach einem Waldspaziergang immer nach Zecken absuchen! Wichtig ist, dass man die Zecken schnell und sachkundig entfernt. Zecken sind übrigens Spinnentiere mit acht Beinen. Mit Blut vollgesogen wird aus dem flachen Hinterleib eine erbsengroße Kugel.

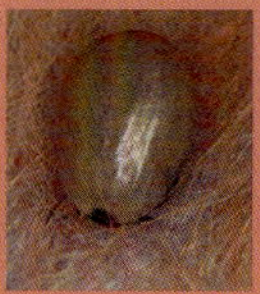

Die Wald-Wolfspinne mag es warm und trocken. Sie lebt in lichten Wäldern, an Waldrändern und auf Lichtungen. Die Wald-Wolfspinne baut übrigens kein Netz, sondern geht am Boden auf die Jagd nach Insekten. Sie ist sehr fürsorglich und trägt ihre geschlüpften Jungen eine Zeit lang auf dem Rücken.

Die Wald-Wolfspinne wird circa 5 bis 7 mm lang.

Die Wald-Wolfspinne ist von April bis September unterwegs.

Jan | Feb | Mär | Apr | Mai | Jun | Jul | Aug | Sep | Okt | Nov

Der Laubfrosch 003

Die Oberseite des Laubfrosches ist leuchtend grün, manchmal sogar glänzend. Der Bauch und die Kehle sind weißlich und fein gepunktet. An der Körperseite zieht sich vom Auge bis zu den Hinterbeinen ein schwarzer Streifen. Im Spätfrühling sind abends seine knarrenden **„Ärrp-ärrp-ärrp-ärrp"**-Rufe über einen Kilometer weit zu hören.

Schau genau!

Suche die Laubfrösche nicht nur im Wasser oder auf dem Boden, denn es sind hervorragende Kletterer. Nicht umsonst heißen sie Laubfrösche: Sie können in Sträucher und sogar in Baumkronen klettern, wo sie super getarnt sind. Dabei helfen ihnen die rundlichen Haftballen an den Zehenspitzen. Damit können sie sich sogar an glatten Glasscheiben festhaften.

Typisch Laubfrosch: Du findest ihn gemütlich auf Blättern oder Ästen sitzend.

Im Frühling sammeln sich die Laubfrösche in kleineren Teichen, in Bach- und Flussauen. Nach der Eiablage (Laichen) wandern sie in ihr Sommerquartier, das sind Auwälder, Hecken, Schilfbestände oder Feuchtwiesen. In vielen Gegenden sind die Laubfrösche schon selten geworden.

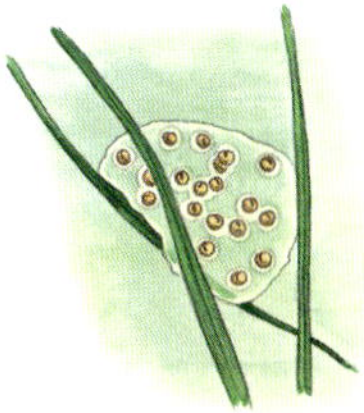

Froschlaich

Kaulquappe

Der Laubfrosch wird 3 bis 5 cm lang.

Der Laubfrosch ist von April bis Oktober unterwegs.

Feb | Mär | Apr | Mai | Jun | Jul | Aug | Sep | Okt | Nov | Dez

Der Feuersalamander

Der Feuersalamander ist unverkennbar. Die schwarze, glänzende Haut ist mit großen gelben Flecken und Streifen versehen. Der Anteil von Schwarz und Gelb kann sehr unterschiedlich sein. So sind auf hellen Böden Salamander mit viel Gelb häufiger, auf dunklen Böden überwiegt der schwarze Anteil.

Die Larven des Feuersalamanders atmen über äußere Kiemen, das sind die „Büschel" am Kopf.

Erstaunlich!

Feuersalamander können unglaublich alt werden. Ein in Gefangenschaft lebender Salamander wurde über 50 Jahre alt. Aber auch in Freiheit erreichen sie ein Alter von über 20 Jahren. Du solltest einen Feuersalamander nicht anfassen. Er kann ein giftiges Sekret absondern, das auf deiner Haut leicht brennt. Hunde und Katzen können sogar sterben, wenn sie einen Salamander fressen. Das Gift schützt seine Haut vor Bakterien und Pilzen.

In feuchten Laubwäldern der Mittelgebirge ist der Feuersalamander zu Hause. Er fehlt im Norddeutschen Tiefland und östlich der Elbe. Das Weibchen legt keine Eier, sondern setzt im Frühjahr die Larven direkt ins Wasser ab, meist in einen kalten, klaren Waldbach. Feuersalamander sind nachtaktiv, bei Regen suchen sie aber auch tagsüber nach Nahrung.

Der Feuersalamander wird mit Schwanz bis zu 23 cm lang.

Der Feuersalamander ist zwischen März und Oktober/November aktiv.

Jan | Feb | Mär | Apr | Mai | Jun | Jul | Aug | Sep | Okt | Nov

Die Waldeidechse

Die Männchen haben keine dunklen Seitenstreifen, dafür aber eine Punktereihe.

Die Waldeidechse ist unser kleinstes Reptil. Der Schwanz ist in etwa 1,5-mal so lang wie der Körper. Die Grundfärbung ist braun bis graubraun, mit einem schwarzen Fleckenband auf der Rückenmitte. Zu den Seiten gibt es helle Fleckenreihen. Die Flecken können aber auch sehr schwach sein oder ganz fehlen. Der Kopf wirkt relativ klein.

Wichtig zu wissen!

Die Waldeidechse hält zwei Rekorde. Erstens ist sie das Reptil, das am weitesten im Norden lebt, du kannst sie sogar noch in Nordnorwegen finden. Und sie ist das Reptil mit dem weltweit größten Verbreitungsgebiet. Bemerkenswert ist zudem, dass es Waldeidechsen gibt, die lebende Junge zur Welt bringen, aber auch welche, die Eier legen und sie von der wärmenden Sonne ausbrüten lassen.

Wie alle Reptilien liebt die Waldeidechse die Wärme. So findest du sie besonders an sonnigen Waldrändern, auf Lichtungen, in Moor- und Heidegebieten. Dort nimmt sie gern auf Steinen, Hölzern oder auf dem kahlen Boden ein Sonnenbad.

Die Waldeidechse wird bis zu 18 cm lang.

Die Waldeidechse ist von März bis Oktober aktiv.

Feb | Mär | Apr | Mai | Jun | Jul | Aug | Sep | Okt | Nov | Dez

Die Gefleckte Schnirkelschnecke

Die Schnirkelschnecke hat ein kugelförmiges Gehäuse. Es ist braun mit gelblichen oder hellbraunen Flecken und Sprenkeln und hat ein braunes Band. Das Gehäuse ist sehr dünn, sogar etwas durchsichtig, mit fünf bis sechs Windungen. Die Öffnung hat einen weißen Saum. Die Schnecke selbst ist dunkelgrau bis schwarz.

Wichtig zu wissen!

Die auffälligste und häufigste Schnecke ist die Spanische Wegschnecke. Es ist eine Nacktschnecke, die sich in den letzten 30 Jahren rasant ausgebreitet hat. Ihre Farbe ist sehr unterschiedlich, von Orange über Rot bis Braunrot. In Gärten kann sie zur richtigen Plage werden, wenn sie die jungen Gemüsepflanzen und Blumen wegfrisst. Sie hat nur wenig Feinde, weil ihr zäher, bitterer Schleim von den meisten Tieren verschmäht wird.

Die Gefleckte Schnirkelschnecke wird auch Baumschnirkelschnecke genannt, weil sie oft an Baumstämmen emporklettert. Sie lebt aber auch auf Wiesen, in Gräben und Hecken. Den Winter verbringt sie eingegraben unter der Erde.

Die Gefleckte Schnirkelschnecke wird bis zu 3 cm lang.

Die Gefleckte Schnirkelschnecke ist von März bis November unterwegs.

Jan | Feb | Mär | Apr | Mai | Jun | Jul | Aug | Sep | Okt | Nov

Der Große Abendsegler

004

Der Abendsegler ist eine große Fledermaus mit einer Spannweite von 40 Zentimetern. Die Flügelspitzen sind relativ schmal. Die großen Ohren sind recht breit und an den Spitzen abgerundet. Das kurze Fell ist auf der Oberseite rostrot, auf der Unterseite etwas heller. Hast du gute Ohren? Dann kannst du die Klicklaute beim Jagdflug hören. Bei den meisten anderen Fledermausarten funktioniert das nicht.

Der Abendsegler ist ein ausdauernder Flieger.

Erstaunlich!

Der Abendsegler ist eine Wanderfledermaus. Die Weibchen und ein Teil der Männchen fliegen ab März nach Nordosten. Dort werden die Jungen geboren und großgezogen. Im Herbst ziehen sie dann wieder nach Südwesten und suchen ihre Winterquartiere auf. Abendsegler sind teilweise auch tagsüber unterwegs und fliegen sogar an warmen Tagen im Winter.

Ursprünglich ist der Abendsegler eine Waldfledermaus. Auf der Jagd kannst du ihn über Feldern beobachten. Heute besiedelt er aber auch Städte und jagt gern in Parks oder auf Friedhöfen. Den Tag verbringt er in Baumhöhlen, Fledermauskästen oder in Spalten von Gebäuden.

Der Große Abendsegler wird 8 cm lang, Flügelspannweite 40 cm.

Den Großen Abendsegler kannst du von März bis November beobachten.

Feb | Mär | Apr | Mai | Jun | Jul | Aug | Sep | Okt | Nov | Dez

Die Gelbhalsmaus

Der namensgebende gelbe Fleck an der Kehle ist schwer zu sehen, aber die mittelgroße Maus ist auch gut an der rotbraunen Oberseite, der fast weißen Unterseite, den großen Ohren, den schwarzen Knopfaugen und den weißen Hinterfüßen zu erkennen. Der Schwanz ist etwa so lang wie die Maus selbst. Ihre Hauptnahrung sind Samen, Nüsse und Früchte. Ab und zu frisst sie auch Insekten und Larven.

Wichtig zu wissen!

Zwei- bis viermal im Jahr bekommt eine Gelbhalsmaus Nachwuchs. Die Jungen, es sind vier bis acht Stück, können schon nach zwei Monaten wiederum Junge bekommen. So kommen ganz schön viele Mäuse zusammen. Doch Feinde wie Eulen, Füchse oder Marder lauern überall und viele Mäuse werden meist nicht alt.

Für den Winter legt sich die Gelbhalsmaus Vorräte aus Nüssen und Samen an.

Die Gelbhalsmaus bewohnt vor allem die Laubwälder der Mittelgebirge. In Nadelwäldern ist sie deutlich seltener. Als nachtaktive Maus verschläft sie den Tag in Baumhöhlen oder in Höhlen zwischen den Wurzeln. Sie kann prima klettern und verbringt viel Zeit in Bäumen.

Die Gelbhalsmaus wird (ohne Schwanz) 8,8 bis 13 cm lang.

Die Gelbhalsmaus ist das ganze Jahr über aktiv.

Jan | Feb | Mär | Apr | Mai | Jun | Jul | Aug | Sep | Okt | Nov

Der Siebenschläfer 005

Auf den ersten Blick sieht der Siebenschläfer aus wie ein kleines graues Eichhörnchen. Doch es gibt deutliche Unterschiede: Er hat große schwarze Augen, rundliche Ohren und lange schwarze Tasthaare an der Schnauze. Der buschige Schwanz ist 11 bis 15 Zentimeter lang und hilft beim Klettern und Springen. Siebenschläfer können quieken, grummeln oder pfeifen.

Siebenschläfer kommen häufig in Laub- und Laubmischwäldern vor, aber auch auf Streuobstwiesen, in Parks und Gärten. Reine Nadelwälder meiden sie. Den Tag verschlafen sie in Baumhöhlen oder Nistkästen. Nachts klettern sie durchs Geäst und suchen Früchte, Nüsse, Knospen und Rinde. Im Sommer plündern sie auch mal ein Vogelnest.

Erstaunlich!

Dieser kleine Kobold erobert auch gern Dachböden, wo er ganz schön Radau machen kann. Schon mancher Hausbesitzer hat die Polizei gerufen, weil er glaubte, er hätte einen Einbrecher im Haus. Seinen Namen hat er vermutlich daher, dass er den Winter über sieben bis acht Monate schläft.

Der Siebenschläfer wird (ohne Schwanz) 13 bis 18 cm lang.

Den Siebenschläfer kannst du von April bis September beobachten.

Feb | Mär | Apr | Mai | Jun | Jul | Aug | Sep | Okt | Nov | Dez

Das Eichhörnchen

006

Typisch für das Eichhörnchen sind das rotbraune Fell und der buschige Schwanz. Dieser ist fast so lang wie das Eichhörnchen selbst (15 bis 20 Zentimeter). An Bauch und Brust ist das Fell weißlich. Die Ohren haben im Winter zwei auffällig spitze Haarbüschel, die Pinselohren genannt werden. Das Eichhörnchen ruft häufig ein schmatzendes **„Tschuck-Tschuck"**.

Das Eichhörnchen fühlt sich in allen Wäldern wohl, auch in Parks und auf Friedhöfen. In finsteren Nadelwäldern ist das Fell zur besseren Tarnung dunkelbraun bis schwarz. Da Eichhörnchen besonders tagaktiv sind, kannst du gut beobachten, wie sie flink durch die Äste springen. Zum Schlafen baut sich das Eichhörnchen in den Baumkronen einen Kobel, eine Art geschlossenes Nest. Im Winter hält es an kalten Tagen Winterruhe.

Wichtig zu wissen!

Eichhörnchen vergraben im Herbst viele Nüsse und Eicheln als Wintervorrat. Viele dieser Verstecke finden sie wieder. Dabei hilft ihnen auch ihre gute Nase. So finden sie die Nüsse noch unter einer dicken Schnee- oder Laubschicht und können sogar riechen, ob eine Nuss noch essbar ist. Damit vermeiden sie es, eine harte Nuss mühsam aufzubeißen, die dann am Ende schlecht ist.

Das Eichhörnchen wird (ohne Schwanz) 20 bis 25 cm lang.

Das Eichhörnchen kannst du das ganze Jahr über beobachten.

Jan | Feb | Mär | Apr | Mai | Jun | Jul | Aug | Sep | Okt | Nov

Der Igel 007

Der Igel ist unser einziges heimisches Säugetier mit hunderten spitzer Stacheln. Unter den Stacheln und auf der Brust trägt er ein braunes Fell, deshalb wird er auch Braunbrustigel genannt. In Osteuropa gibt es auch einen Weißbrustigel. Die Schnauze ist spitz zulaufend und er hat eine schwarze Nase. Bei Gefahr kann er sich zu einer stacheligen Kugel zusammenrollen.

Erstaunlich!

Die etwa sieben Zentimeter große Waldspitzmaus sieht zwar aus wie eine Maus, sie ist aber gar keine. Sie gehört wie Igel und Maulwurf zu den Insektenfressern. Die Waldspitzmaus braucht unglaublich viel Nahrung. Sie lebt in dichtem Gebüsch mit viel Totholz, damit sie genug zu fressen findet und sich schnell verstecken kann. Die Spitzmaus ist tag- und nachtaktiv. Ihre Beute findet sie mit ihrem guten Geruchs- und Tastsinn, denn mit den Augen kann sie nur hell und dunkel unterscheiden.

Halte doch mal nach Spuren Ausschau, die der Igel auf seiner Wanderung durch den Garten hinterlässt.

Der Igel lebt in lichten Wäldern und an Waldrändern, aber auch in offenen Landschaften mit Hecken und Gebüsch. Selbst im Garten kann er dir begegnen. Nur Nadelwälder oder zu feuchte Gebiete mag er nicht. Den Winter verschläft er in einem geschützten Versteck, das er mit Laub auspolstert.

Der Igel kann bis zu 30 cm lang werden.

Der Igel ist von April bis November aktiv.

n | Feb | Mär | Apr | Mai | Jun | Jul | Aug | Sep | Okt | Nov | Dez

Der Baummarder

008

Als Erstes fällt das kastanienbraune Fell mit dem gelblichen Fleck auf Kehle und Brust auf. Beim verwandten Steinmarder ist der Fleck weiß und gegabelt. Der Schwanz ist lang (16 bis 28 Zentimeter) und buschig und hilft dem Baummarder, beim Klettern das Gleichgewicht zu halten. Die Nasenspitze ist dunkel. Besonders zur Paarungszeit kannst du seine fauchende oder kreischende Stimme hören.

Baummarder sind sehr geschickte Kletterer.

Erstaunlich!

Der Baummarder wird auch Edelmarder genannt, da er ein weicheres Fell als der Steinmarder hat. Er ist ein sehr guter Kletterer unter den Säugetieren, kann vier Meter weite Sätze durch die Baumkronen machen und die Stämme kopfüber nach unten laufen. So erwischt er selbst die flinken Eichhörnchen.

Der scheue Baummarder lebt in großen Wäldern, in den Bergen sogar bis zur Baumgrenze. Selten kommt er auch in Parks vor. Er geht viel in den Bäumen auf die Jagd, besonders nach Eichhörnchen und Vögeln. Zwischendurch frisst er aber auch Insekten, Beeren oder Obst.

Der Baummarder wird (ohne Schwanz) 45 bis 58 cm lang.

Den Baummarder kannst du das ganze Jahr über beobachten.

Jan | Feb | Mär | Apr | Mai | Jun | Jul | Aug | Sep | Okt | Nov | D

Der Waschbär

009

Der Waschbär geht meist nachts auf Futtersuche. Neben der schwarz-weißen Gesichtsmaske mit schwarzer Augenbinde erkennst du ihn am grauen Fell und am schwarz geringelten Schwanz. Mit seinen Vorderpfoten ist er sehr geschickt und sensibel, damit wird alles, was nach Nahrung aussieht, erst einmal gründlich untersucht. Im flachen Wasser sieht das aus, als ob er sein Fressen waschen würde.

Wichtig zu wissen!

Dem Waschbären sehr ähnlich ist der Marderhund. Auch er hat eine dunkle Gesichtsmaske, ist aber kurzbeiniger, hat kleinere Ohren und einen kürzeren, nicht geringelten Schwanz. Wie der Waschbär wurde er wegen seines Fells in Osteuropa ausgesetzt und hat sich nun überall ausgebreitet. Seine eigentliche Heimat ist Ostasien.

Der Waschbär stammt aus Nordamerika. 1934 wurden zwei Paare in Nordhessen ausgesetzt. Dazu sind noch freigekommene Tiere aus Pelztierfarmen und Tiergehegen gekommen. Neben Laub- und Mischwäldern haben Waschbären auch Städte erobert und plündern Mülltonnen und Obstbäume. Fachleute sind sich nicht einig, ob der Waschbär als Einwanderer unsere heimischen Tiere empfindlich stört oder nicht.

Der Waschbär wird (ohne Schwanz) 40 bis 70 cm lang.

Den Waschbär kannst du das ganze Jahr über beobachten.

n | Feb | Mär | Apr | Mai | Jun | Jul | Aug | Sep | Okt | Nov | Dez

Der Luchs 010

Der Luchs ist die größte Katze Europas. Mit seinen circa 20 bis 35 Kilogramm Gewicht und einer Schulterhöhe von bis zu 70 Zentimetern ist er etwa so groß wie ein Schäferhund. Typisch ist der rundliche Kopf mit den spitzen Pinselohren. Für eine Katze ist der Schwanz relativ kurz. Die Fellfarbe ändert sich von einem sommerlichen Gelb oder Rotbraun zu einem winterlichen Graubraun. Meist ist das Fell schwarz gefleckt.

Schau genau!

Neben dem Luchs schleicht noch eine weitere Katze durch die heimischen Wälder, die Wildkatze. Sie ist etwas größer und kräftiger als eine Hauskatze und hat ein dichtes graubraunes Fell. Wichtiges Kennzeichen ist der buschige Schwanz mit den drei schwarzen Binden am Schwanzende. Wildkatzen sind leider sehr scheu und nur schwer zu entdecken.

Der letzte heimische Luchs wurde 1850 in den deutschen Alpen erlegt. Erst in den 1970er-Jahren begann man, Luchse zu schützen. Auch wanderten die ersten Luchse aus Tschechien wieder nach Deutschland ein. Außerdem werden Luchse wieder ausgewildert. Als Einzelgänger braucht der Luchs große Wälder mit dichtem Unterholz wie in den Mittelgebirgen.

Der Luchs wird (ohne Schwanz) 80 bis 120 cm lang.

Den Luchs kannst du das ganze Jahr über beobachten.

Jan | Feb | Mär | Apr | Mai | Jun | Jul | Aug | Sep | Okt | Nov | D

Der Rotfuchs

011

Namensgebend ist die rotbraune Oberseite des Fuchses. Dagegen sind Kehle und Unterseite weißlich, die Beine dunkelbraun bis schwarz. Die Ohren stehen aufrecht und sind äußerst beweglich. Der lange, buschige Schwanz (circa 40 Zentimeter) dient ihm bei großen Sprüngen als Steuer oder beim Schlafen als Kissen.

Fuchswelpen verlassen mit etwa einem Monat erstmals den Bau.

Wichtig zu wissen!

Früher wurde der Fuchs stark bejagt, weil er einer der Hauptüberträger der Tollwut war, einer für Menschen tödlichen Krankheit. Doch seit die Tollwut eingedämmt wurde, haben sich die Füchse wieder stark vermehrt. Heute hat der Fuchs als Überträger des Fuchsbandwurms einen schlechten Ruf, obwohl die Gefahr, sich anzustecken, äußerst gering ist.

Nicht umsonst wird der Fuchs als schlau bezeichnet, denn er passt sich seiner Umwelt prima an. So lebt er nicht nur in unterschiedlichen Waldgebieten und in Feldgehölzen, sondern auch in Großstädten. Als Allesfresser findet er genügend Nahrung. Seinen Fuchsbau gräbt er entweder selbst oder er nutzt einen alten Bau vom Dachs. Manchmal wohnen Dachs und Fuchs auch in einem Bau.

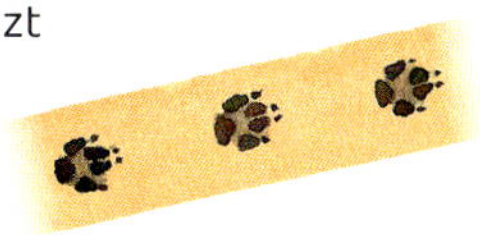

Der Rotfuchs wird (ohne Schwanz) 62 bis 75 cm lang.

Den Rotfuchs kannst du das ganze Jahr über beobachten.

n | Feb | Mär | Apr | Mai | Jun | Jul | Aug | Sep | Okt | Nov | Dez

Der Dachs 012

Der schwarz-weiß gestreifte Kopf ist das Markenzeichen des Dachses. Während der Kopf eher lang und schmal ist, wirkt der Körper sehr kräftig. Die Oberseite ist silbergrau, die Beine sind schwarz behaart. An den Pfoten hat der Dachs kräftige Grabklauen. Dachse sind die größten heimischen Marder und fressen Regenwürmer und Insekten, aber auch Feldfrüchte, Eicheln und Nüsse.

Erstaunlich!

So ein Dachsbau kann ziemlich groß werden. Schon ein einfacher Bau hat einen Durchmesser von circa 30 Metern und mehrere Eingänge. Der Schlafraum liegt in etwa fünf Metern Tiefe. Ein Dachsbau kann über Jahrzehnte genutzt werden. In England wurde ein Bau gefunden, der circa 50 Kammern, 187 Eingänge und ein 879 Meter langes Tunnelsystem hatte.

Den Dachs findest du an Waldrändern mit dichtem Unterwuchs. Er bevorzugt Laubmischwälder. Geschlossene Waldgebiete oder reine Nadelwälder meidet er dagegen. Seine weitverzweigten unterirdischen Höhlen gräbt er gern in Hänge. Dachse sind nur nachts unterwegs. Ist der Winter sehr kalt, bleibt der Dachs in seinem Bau und hält Winterruhe.

Hier war kein Bär unterwegs, sondern ein Dachs (Abdruck 5 bis 7 cm lang).

Der Dachs wird mit Schwanz etwa 81 cm lang.

Den Dachs kannst du das ganze Jahr über beobachten.

Jan | Feb | Mär | Apr | Mai | Jun | Jul | Aug | Sep | Okt | Nov | D

Das Wildschwein 013

In unseren Wäldern ist das Wildschwein unverwechselbar. Von der Seite wirkt das Schwein sehr massig, da der Kopf fast ohne Hals in den Körper übergeht. Von vorn betrachtet ist es aber recht schmal, so kann es sich leicht durchs Gebüsch zwängen. Das kurze, borstige Fell ist braunrot bis schwarz. Die Nase ist ein kurzer, kräftiger Rüssel. Das Männchen (Keiler) hat zwei lange und gefährliche Eckzähne. Das Weibchen wird Bache, das Ferkel Frischling genannt.

Ein Keiler ist durch seine Eckzähne gut von einer Bache zu unterscheiden.

Wichtig zu wissen!

Der Rüssel dient dem Wildschwein nicht nur zum Umgraben und Wühlen im Boden, es kann damit auch ganz hervorragend riechen. So findet es Leckereien im Boden wie Wurzeln, Pilze oder Würmer. Früher wurden Schweine zur Trüffelsuche eingesetzt und es gab sogar ein Polizeischwein, das Rauschgift und Sprengstoffe erschnüffeln konnte.

Wildschweine kommen fast überall vor, ihre größte Verbreitung haben sie in dichten Laub- und Laubmischwäldern. Die schlauen Allesfresser haben selbst Großstädte wie Berlin erobert und wühlen zum Ärger vieler Gartenbesitzer die Blumenbeete und Rasenflächen um.

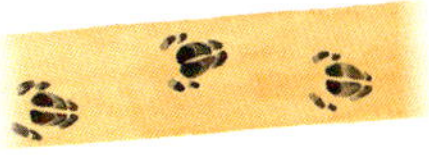

Das Wildschwein wird 1,1 bis 1,8 m lang.

Das Wildschwein kannst du das ganze Jahr über beobachten.

Feb | Mär | Apr | Mai | Jun | Jul | Aug | Sep | Okt | Nov | Dez

Der Wolf 014

Elterntiere und Junge bilden ein Rudel.

Der Wolf sieht einem Schäferhund oder Husky recht ähnlich. Auf dem Rücken und dem Schwanz hat das Fell viele graue und schwarze Haare. Der Bauch, die Beine und die Schnauze sind heller und eher graubraun bis rötlich braun gefärbt. Wölfe leben in Rudeln. Mit Wolfsgeheul und Geruchsmarkierungen grenzen sie ihr Revier ab.

Wichtig zu wissen!

Die Angst vor Meister Isegrim, so heißt der Wolf in Fabeln, kommt aus einer Zeit, als Mensch und Wolf noch direkte Konkurrenten um Wildtiere waren. Auch konnte der Mensch seine Nutztiere nicht so gut schützen wie heute. Wölfe sind sehr scheu und flüchten meistens, wenn sie Menschen bemerken.

In Deutschland wurde der letzte frei lebende Wolf im Jahr 1904 erschossen. Die Angst vor Wölfen war groß und viele hatten Sorge, dass ihre Haustiere von Wölfen angegriffen werden könnten. Seit dem Jahr 2000 gibt es wieder Wölfe in Deutschland. Sie leben vor allem in Nord- und Ostdeutschland und breiten sich langsam wieder aus. Heute sind es circa 161 Rudel. Auch ein paar einzelne Wölfe sind unterwegs.

Der Wolf wird (ohne Schwanz) bis 1,3 m lang.

Der Wolf ist das ganze Jahr über aktiv.

Jan	Feb	Mär	Apr	Mai	Jun	Jul	Aug	Sep	Okt	Nov	D

Das Reh 015

Die kleinste Hirschart in unseren Wäldern ist das Reh. Die Schulterhöhe beträgt maximal 75 Zentimeter. Trotzdem wirkt das Reh mit den dünnen Beinen und dem langen Hals viel größer. Im Sommer ist das Fell rotbraun, im Winter graubraun. Der weißliche Fleck am Po wird in der Jägersprache Spiegel genannt. Nur das Männchen, der Rehbock, hat ein kleines, verzweigtes Geweih.

Wichtig zu wissen!

Im Mai werden die jungen Rehkitze geboren, oft auf einer Wiese in der Nähe von schützendem Dickicht. Die ersten Tage bleiben sie dort ganz allein, die Mutter kommt nur zum Säugen. Durch die weißen Punkte auf dem Fell ist das Kitz aus der Luft perfekt getarnt, und da es selbst noch keinen Geruch hat, wird es auch nicht von Füchsen oder Hunden entdeckt. Findest du zufällig ein Kitz, fasse es auf keinen Fall an, denn sonst riecht es nach Mensch und die Mutter nimmt es nicht mehr an!

Rehe leben gern in abwechslungsreichen Mischwäldern. Das heißt, neben dem Wald mit viel Unterholz und Sträuchern zum Verstecken brauchen sie auch Lichtungen, Wiesen und Felder mit Hecken und Büschen. Im Herbst und Winter sind die Rehe in kleinen Gruppen unterwegs. Während der übrigen Zeit des Jahres sind sie eher Einzelgänger.

Rehkitz

Das Reh wird 0,9 bis 1,4 m lang.

Das Reh kannst du das ganze Jahr über beobachten.

Feb Mär Apr Mai Jun Jul Aug Sep Okt Nov Dez

Der Rothirsch

016

Der Rothirsch gehört mit zu den größten in Deutschland lebenden Wildtieren. Das Männchen ist an seinem großen Geweih leicht zu erkennen. Weibchen tragen dagegen kein Geweih. Das Sommerfell ist rotbraun. Im Winter wird es graubraun, doppelt so lang und schön dicht und warm. Im Herbst kannst du die Männchen gut hören, wenn sie während der Paarungszeit laut röhren. Das hört sich im Dunkeln ziemlich gruselig an.

Wichtig zu wissen!

Das prächtige Geweih des Männchens wächst jedes Jahr neu. Zwischen Februar und März wird es abgeworfen, danach fängt sofort ein neues an zu wachsen. Schon nach fünf Monaten ist es voll ausgebildet. Dann fegt der Hirsch die sogenannte Basthaut vom Geweih ab, die es vorher eingehüllt und mit Nährstoffen versorgt hat. Erst jetzt ist das Geweih fest und hart und kann bei den Kämpfen um die Weibchen eingesetzt werden.

Rothirsche sind anpassungsfähig und kommen in vielen Lebensräumen zurecht. In Deutschland leben sie aber vor allem in großen Waldgebieten, möglichst weit weg von Menschen. Zum Fressen kommen sie auch auf Lichtungen und an Waldränder. Hirsche leben meist in Rudeln, nur alte Männchen ziehen als Einzelgänger durch den Wald.

Weibchen mit Kitz

Der Rothirsch wird 1,6 bis 2,6 m lang.

Den Rothirsch kannst du das ganze Jahr über beobachten.

Jan | Feb | Mär | Apr | Mai | Jun | Jul | Aug | Sep | Okt | Nov

Das Wintergoldhähnchen

017

Der kleinste Brutvogel in unseren Wäldern ist das Wintergoldhähnchen. Es hat ein graugrünes Gefieder, eine weiße Flügelbinde und einen leuchtend gelben, schwarz eingerahmten Scheitelstreif. Es singt mit seiner hohen und feinen Stimme ein auf- und absteigendes **„Zi-si, Zi-si, Zi-si"**. Die Stimme ist so hoch, dass sie ältere Menschen, die oft hohe Töne schlechter wahrnehmen, manchmal nicht mehr hören.

Erstaunlich!

Das Wintergoldhähnchen ist nicht nur der kleinste, sondern mit fünf Gramm auch der leichteste Vogel Mitteleuropas. Damit wiegt es etwa so viel wie zwei Stück Würfelzucker. Weil es so klein ist, muss es ständig fressen, um genügend Energie zu haben, sonst würde es frieren. So vertilgt das Goldhähnchen täglich mindestens so viele Insekten, wie es selbst wiegt. Im Winter verhungern viele Goldhähnchen.

Als reinen Nadelwaldbewohner findest du das Wintergoldhähnchen in Fichten- und Tannenwäldern. Dort turnt es meist oben in den Wipfeln herum und sucht die äußeren Zweige nach Insekten ab. Im Winter kommt es auch mal zum Fettfutter an die Futterstelle.

Das Wintergoldhähnchen wird 8 bis 9 cm groß.

Das Wintergoldhähnchen kannst du das ganze Jahr über beobachten.

Feb | Mär | Apr | Mai | Jun | Jul | Aug | Sep | Okt | Nov | Dez

Der Zaunkönig

018

Seine laute Stimme traut man diesem rundlichen Winzling nicht zu. Selbst im Winter kannst du sie hören. Der Zaunkönig ist sehr ausdauernd, wenn er wie eine kleine Maus von Busch zu Busch durchs Unterholz flitzt. Dabei hält er seine kurzen Schwanzfedern oft steil aufwärtsgerichtet. Außerdem erkennst du ihn an dem braunen, gebänderten Rückengefieder und dem weißen Überaugenstreif.

Nach etwa 14 Tagen verlassen die Jungvögel das Nest, bleiben aber auch nach dem Flüggewerden noch lange zusammen.

Wichtig zu wissen!

In langen Wintern mit viel Schnee findet er kaum etwas zu fressen. Dann überleben von zehn Vögeln nur zwei bis drei. Zum Glück vermehren sich Zaunkönige sehr schnell, denn sie brüten zweimal im Jahr und legen fünf bis acht Eier.

Der Zaunkönig lebt in gebüschreichen Wäldern, an Waldrändern, aber auch in Parks und Gärten mit ausreichend Unterholz. Dort sucht er gut geschützt nach kleinen Insekten und Spinnen. Im Winter frisst er an den Futterstellen winzige Samenkörner und das Fettfutter.

Der Zaunkönig wird 9 bis 10 cm groß.

Den Zaunkönig kannst du das ganze Jahr über beobachten.

Jan | Feb | Mär | Apr | Mai | Jun | Jul | Aug | Sep | Okt | Nov

Der Waldlaubsänger

019

Der Waldlaubsänger ist ein sehr unauffälliger Vogel. Mit seinem Gefieder ist er im Laub gut getarnt. Seine Oberseite ist moosgrün, die Unterseite weiß und die Kehle, die Kopf- und Brustseiten sowie der Überaugenstreif sind zitronengelb. Du kannst dir seinen typischen Gesang gut merken. Wie ein hüpfender Tischtennisball beginnt er erst langsam und endet in einem schnellen Schwirrton:

„Zip----zip---zip--zip-zip-zwirrrrrrrr".

Schau genau!

Obwohl der Waldlaubsänger vor allem in den Baumkronen zu entdecken ist, baut er sein Nest auf dem Boden. Es ist gut versteckt im Gestrüpp aus Gras und Laub und so angelegt, dass es der Vogel von einem niedrigen Zweig aus sehen kann. Fliegt er zum Nest, benutzt er immer dieselben Äste, die wie eine Treppe zum Nest führen.

Der Vogel kommt in alten Laubwäldern vor, in denen die Bäume nicht zu dicht stehen und er viel Platz unter dem Laubdach hat. So lebt er vor allem in alten Buchen- und Eichenwäldern. Etwas seltener findest du ihn auch in Laubmischwäldern und in Parks. Im Herbst macht sich der kleine Waldlaubsänger auf eine lange Reise bis ins tropische Afrika.

Der Waldlaubsänger wird 11 bis 12,5 cm groß.

Den Waldlaubsänger kannst du von April bis August bei uns beobachten.

Feb	Mär	Apr	Mai	Jun	Jul	Aug	Sep	Okt	Nov	Dez

Das Rotkehlchen

020

Von hinten siehst du nur ein einfarbiges oliv- oder graubraunes Rückengefieder. Damit ist das Rotkehlchen im Unterholz bestens getarnt. Dagegen ist es von vorn leicht an seinen großen schwarzen Augen und dem orangeroten Gesicht und Kehllatz zu erkennen. Als Frühaufsteher singt es als einer der ersten Vögel in der Morgendämmerung sein melodisches und leicht trauriges Lied. Am Abend ist es einer der letzten Vögel, die Ruhe geben.

Wichtig zu wissen!

Das Rotkehlchen sieht zwar recht harmlos aus, aber sein Revier verteidigt es sehr aggressiv. Andere Rotkehlchen werden sofort vertrieben und es kann zu sehr heftigen Kämpfen kommen. Auch bei der Futtersuche scheucht es gern mal andere Vogelarten weg, die es beim Suchen stören.

Bei den Rotkehlchen sehen Weibchen und Männchen gleich aus.

Die Jungen sind mit ihrem bräunlichen Gefieder perfekt getarnt.

In unterholzreichen Wäldern kommt das Rotkehlchen häufig vor, besonders wenn Wasser in der Nähe ist. Aber du kannst es auch in Parks und Gärten und im Winter am Futterhäuschen entdecken. Das kugelige Nest baut es nahe am Boden.

Das Rotkehlchen wird 13 bis 14 cm groß.

Das Rotkehlchen kannst du das ganze Jahr über beobachten.

Jan | Feb | Mär | Apr | Mai | Jun | Jul | Aug | Sep | Okt | Nov

Der Kleiber

021

Als einziger heimischer Vogel kann der Kleiber kopfüber Baumstämme hinunterlaufen. Auch sonst ist er leicht an seiner orangeroten Unterseite, dem graublauen Rücken, der weißen Wange und dem schwarzen, langen Augenstreif zu erkennen. Mit seinen lauten und kräftigen **„Tuit-tuit-tuit"**-Rufen macht er auf sich aufmerksam. So ist der Kleiber kaum zu übersehen.

Schau genau!

Wenn der Waldbaumläufer am Baumstamm hochläuft, könntest du ihn fast mit einem Kleiber verwechseln. Er hat jedoch eine braun-weiß gemusterte Oberseite, eine perfekte Tarnung. In Ritzen und Rindenspalten sucht er mit seinem langen, gebogenen Schnabel nach kleinen Insekten. Er läuft die Bäume immer spiralförmig um den Stamm hinauf und fliegt dann an den Stammfuß eines benachbarten Baumes.

Seinen Namen hat der Kleiber von „Kleben". Ist ihm der Eingang einer Bruthöhle zu groß, verkleinert er diesen mit Lehm.

Der Kleiber lebt in Laub- und Mischwäldern und ist auch in Parks zu Hause. Er mag besonders die großen und alten Bäume. Im Winter kommt er gern an Futterstellen, um Sonnenblumenkerne zu stibitzen.

Der Kleiber wird 13 bis 14 cm groß.

Den Kleiber kannst du das ganze Jahr über beobachten.

Feb | Mär | Apr | Mai | Jun | Jul | Aug | Sep | Okt | Nov | Dez

Die Kohlmeise

022

Kohlmeise auf Insektensuche

Die Kohlmeise ist an der gelben Unterseite mit dem schwarzen Mittelstreifen, dem olivgrünen Rücken, den bläulichen Schwanz- und Flügelfedern und natürlich an dem schwarzen Kopf mit den weißen Wangen gut zu erkennen. Sie ist nicht nur unsere häufigste Meise, sondern auch die größte und lauteste, wenn sie im Frühling kräftig **„zizidäh-zizidäh"** ruft.

Schau genau!

Die Nistkästen und Höhlen werden nicht nur zum Brüten genutzt. Im Herbst und Winter schlafen Kohlmeisen auch darin, weil es dort wärmer ist. Vielleicht kannst du in der Abenddämmerung beobachten, wie eine Kohlmeise in einen Nistkasten schlüpft. Wird es im Winter nachts sehr kalt, können die Kohlmeisen sogar ihre Körpertemperatur von 41,8 °C bis auf circa 32 °C absenken. So sparen sie viel Energie.

Außer ein paar Bäumen, einer Höhle oder einem Nistkasten zum Brüten und genügend Futter braucht die Kohlmeise nicht viel. So kommt sie in allen Arten von Wäldern vor und gehört zu den häufigsten Vögeln in Parks und Gärten.
Im Winter kannst du sie am Futterhäuschen beobachten. Dort vertreibt sie öfter mal die schwächeren Vögel.

Die Kohlmeise wird 13 bis 15 cm groß.

Die Kohlmeise kannst du das ganze Jahr über beobachten.

Jan	Feb	Mär	Apr	Mai	Jun	Jul	Aug	Sep	Okt	Nov

Die Blaumeise

023

Der blau-weiße Kopf, die bläulichen Flügel und der blaue Schwanz haben der Blaumeise ihren Namen gegeben. Sonst hat sie wie die Kohlmeise eine gelbe Unterseite, aber nur einen unauffälligen schwarzen Mittelstrich und einen grünlichen Rücken. Die Blaumeise singt hell **„zi-zi-zirrr“.**

Wichtig zu wissen!

Die Tannenmeise sieht auf den ersten Blick aus wie eine blasse Kohlmeise. Bis auf einen weißen Nackenstrich ist die schwarz-weiße Kopfzeichnung sehr ähnlich. Die Unterseite ist beige ohne schwarzen Mittelstreif, der Rücken ist eher blaugrau. Gern ruft die Meise von der Baumspitze aus ein wiederholtes **„SitTjü-SitTjü-SitTjü“.** Die Tannenmeise ist ein Nadelwaldbewohner, vor allem von Fichten- und Tannenwäldern. Oft reicht ihr aber auch eine größere Gruppe Nadelbäume in einem Mischwald.

Unsere zweithäufigste Meise findest du in fast allen Wäldern, nur in reinen Nadelwäldern kommt sie eher an den Waldrändern vor. In Parks und Gärten ist sie auch ein häufiger Brutvogel. Sie nutzt dafür Höhlen und Nistkästen. Am Futterhäuschen kannst du sie im Winter sicher entdecken. Kleine Meisentrupps streifen gern durch die Gärten.

Die Blaumeise wird 10 bis 12 cm groß.

Die Blaumeise kannst du das ganze Jahr über beobachten.

n | Feb | Mär | Apr | Mai | Jun | Jul | Aug | Sep | Okt | Nov | Dez

Der Buchfink 024

Mit seinem graublauen Oberkopf und Nacken, dem rostroten Gesicht, Bauch und der Brust sowie dem braunen Rücken ist der Buchfink einer unserer schönsten Finken. Im Flug fallen die beiden weißen Flügelbinden sofort auf. Das Weibchen ist blasser und brauner gefärbt. Bei schönem Wetter ruft der Buchfink: **„Tsit-tsitt-sit-schit schit schitsu schitsurri-a.“** Bei Regen hingegen ruft er ein kräftiges **„pink, pink“.**

Schau genau!

Kannst du im Winter weibliche Buchfinken im Wald oder am Futterhäuschen entdecken? Wahrscheinlich nicht. Die Weibchen und Jungvögel überwintern nämlich südlich der Alpen und nur die Männchen bleiben im Winter hier. Dann bilden sie oft große Schwärme.

Weibchen

Männchen

Achte bei einem Spaziergang im Wald auf die verschiedenen Bäume. Unter Buchen kannst du im Herbst sicher auch Bucheckern finden.

Der Buchfink dürfte der häufigste Vogel in unseren Wäldern sein, er kommt aber auch in Parks und Gärten mit großen Bäumen vor. Der hübsche Vogel frisst vor allem Samen, Beeren, kleine Insekten und im Herbst und Winter am liebsten Bucheckern.

Der Buchfink wird 14 bis 16 cm groß.

Den Buchfink kannst du das ganze Jahr über beobachten.

Jan | Feb | Mär | Apr | Mai | Jun | Jul | Aug | Sep | Okt | Nov | D

Die Singdrossel

025

In der Morgen- und Abenddämmerung ist der Gesang der Singdrossel weit zu hören. Die kurzen, flötenden Strophen wiederholt sie immer zwei- bis dreimal. An Wald- und Gebüschrändern sucht sie am Boden hüpfend nach Insekten und Gehäuseschnecken. Dort kannst du sie gut entdecken. Ihr Rücken ist braun und die Unterseite weißlich mit braunen Tupfen.

Die Singdrossel lebt in allen Wäldern, aber besonders da, wo es auch Nadelbäume gibt. Sie mag es schattig mit viel Unterholz. Schon im März kommt sie aus Süd- und Westeuropa zurück und verlässt uns wieder im Oktober.

Amselmännchen sind schwarz und haben einen gelben Schnabel. Die Weibchen sind dagegen vom Schnabel bis zum Schwanz nur braun gefärbt.

Erstaunlich!

Noch vor circa 200 Jahren war die Schwarzdrossel, unsere Amsel, ein reiner Waldvogel. Doch dann hat sie erfolgreich Dörfer und Städte besiedelt und ist jetzt einer der häufigsten Vögel in unseren Gärten.

Die Singdrossel wird 20 bis 22 cm groß.

Die Singdrossel kannst du von März bis Oktober bei uns beobachten.

n | Feb | Mär | Apr | Mai | Jun | Jul | Aug | Sep | Okt | Nov | Dez

Der Buntspecht 026

Den Namen verdankt der Specht seinem schwarz-weißen Gefieder und den leuchtend roten Federn unter dem Schwanz. Das Männchen hat noch einen roten Fleck am Hinterkopf. Im Frühling hörst du seine kurzen Trommelwirbel, mit denen er sein Revier markiert. Das macht er meist auf abgestorbenen Ästen, weil die besser klingen. Oft ruft er ein kurzes **„Kick-Kick“.**

So tolle Federn hat nur der Buntspecht.

Unsere häufigste Spechtart lebt in allen Wäldern und ist auch häufig in Parks zu sehen. Aus morschem Holz hackt der Buntspecht Insektenlarven, öffnet Nüsse oder pult Samen aus Fichtenzapfen. Im Winter kommt der Buntspecht ans Futterhäuschen oder hängt sogar kopfüber an Meisenknödeln.

Wichtig zu wissen!

Dank seines besonders dicken und robusten Schädels und des federnden Schnabels bekommt der Buntspecht bei seinen kräftigen Schnabelhieben auf das harte Holz keine Kopfschmerzen. So zimmert er sich auch seine eigene Bruthöhle in den Baumstamm.

Der Buntspecht wird 23 bis 24 cm groß.

Den Buntspecht kannst du das ganze Jahr über beobachten.

Jan | Feb | Mär | Apr | Mai | Jun | Jul | Aug | Sep | Okt | Nov | D

Der Schwarzspecht

027

Die Stimme ist bestimmt das Erste, was du vom Schwarzspecht mitbekommst. Sein lautes, krächzendes **„Krrück-Krrück-Krrück"** oder das gellende **„Kliiööh"** ist einen Kilometer weit zu hören. Aber auch sein Gefieder ist unverkennbar, es ist bis auf den leuchtend roten Scheitel beim Männchen komplett schwarz. Beim Weibchen ist nur der Hinterkopf rot. Der Flugstil des Schwarzspechts erinnert an den einer Krähe.

Schau genau!

Schwarzspechte lieben Ameisen, besonders die großen Holzameisen, die in morschen Bäumen leben. Um an die Ameisen und Larven herranzukommen, hacken sie große, fast rechteckige Vertiefungen und Löcher in den Baum. Unter dem Baum oder Baumstumpf liegen dann ziemlich große Mengen an Holzspänen. Vielleicht entdeckst du auf einem Spaziergang auch einmal solche Schwarzspechtspuren.

In alten Buchenwäldern und in Mischwäldern fühlt sich der Schwarzspecht besonders wohl. Er brütet aber auch in Kiefern- und Bergnadelwäldern. Im Unterschied zu anderen Spechten ist sein Höhleneingang nicht kreisrund, sondern oval wie ein Ei. Die Höhlen werden gern in 10 bis 20 Meter Höhe angelegt.

Der Schwarzspecht wird 40 bis 46 cm groß.

Den Schwarzspecht kannst du das ganze Jahr über beobachten.

Feb | Mär | Apr | Mai | Jun | Jul | Aug | Sep | Okt | Nov | Dez

Der Kolkrabe 028

Der Kolkrabe sieht aus wie eine Rabenkrähe, ist aber viel größer. Gute Bestimmungsmerkmale sind sein sehr kräftiger Schnabel und sein breiter, oft zottiger Hals. Das schwarze Gefieder glänzt metallisch grün und blauviolett. Im Flug kannst du ihn gut am langen, keilförmigen Schwanz erkennen. Mit seinen lauten, dumpf krächzenden **„Krock-krock-krock"**-Rufen macht er auf sich aufmerksam.

Wichtig zu wissen!

Kolkraben sind richtig schlaue und witzige Vögel. Sie spielen sogar. Forscher haben sie dabei beobachtet, wie sie sich verschneite Hänge hinunterkugeln, kopfüber an einem Ast hängen oder ein Wildschwein am Schwanz packen und sich hinterherziehen lassen.

Raben benutzen Steine als Werkzeug.

Der Kolkrabe bewohnt meist große Waldgebiete, besonders in den Mittelgebirgen und den Alpen. An der Ostsee kommt er bis zur Küste vor. Meist ist er sehr scheu, merkt er aber, dass ihm keine Gefahr droht, kommt er sogar in Stadtgebieten wie zum Beispiel Berlin vor. Sein großes Nest aus Ästen und Zweigen baut er auf hohe Bäume.

Der Kolkrabe wird 54 bis 67 cm groß.

Den Kolkraben kannst du das ganze Jahr über beobachten.

Jan | Feb | Mär | Apr | Mai | Jun | Jul | Aug | Sep | Okt | Nov | D

Der Eichelhäher

029

Das Erste, was du vom Eichelhäher bemerkst, ist sein rätschender Warnruf **„Rähhh"**, mit dem er vor Feinden und Störenfrieden warnt. Sonst erkennst du ihn leicht an seinem braunrosa Gefieder, dem schönen schwarz-blauen Flügelfeld und dem schwarzen Bartstreif. Im Flug leuchtet der Bürzel weiß auf.

Wenn im Wald etwas fliegt, mit weißem Bürzel und rätschendem Warnruf, kann es nur ein Eichelhäher sein.

Erstaunlich!

Würdest du dich freiwillig in einen Ameisenhaufen legen? Sicher nicht. Eichelhäher tun das aber, sogar mit ausgebreiteten Flügeln. Die Ameisen bespritzen den Eindringling dann mit Ameisensäure. Die Vogelforscher glauben, dass der Eichelhäher damit sein Gefieder pflegt und lästige Parasiten wie Vogelflöhe oder Federlinge loswird. Das Ganze wird Einemsen genannt.

Sein Name verrät seine Lieblingsspeise, nämlich Eicheln. Gibt es also im Wald, in Parks oder auf Friedhöfen genug Eichen, kommt dort sicher der Eichelhäher vor. Er frisst aber auch Früchte und Bucheckern und im Sommer plündert er gern mal ein Vogelnest.

Auf der Suche nach einem guten Versteck.

Der Eichelhäher wird 32 bis 35 cm groß.

Den Eichelhäher kannst du das ganze Jahr über beobachten.

Feb | Mär | Apr | Mai | Jun | Jul | Aug | Sep | Okt | Nov | Dez

Der Kuckuck

030

Der Kuckuck gehört zu den wenigen Vögeln, die ihren Namen rufen: **„Kuckuck-kuckuck"**. Aber auch ohne Ruf ist der schlanke Vogel gut an den spitzen, schmalen Flügeln und dem langen Schwanz zu erkennen. Kopf, Oberseite und Brust sind grau gefärbt, der Bauch dunkel quergestreift. Im Flug sieht der Kuckuck einem Sperber ähnlich.

Erstaunlich!

Der Kuckuck ist bei vielen Singvögeln nicht sehr beliebt, denn er baut kein eigenes Nest, sondern stibitzt im richtigen Moment ein Ei aus dem Singvogelnest und legt sein eigenes hinein. Da das Kuckucksei den anderen Eiern sehr ähnlich sieht, merkt der Singvogel den Tausch nicht. Das Kuckucksjunge schlüpft meist als Erstes und schmeißt die übrigen Eier aus dem Nest. So sorgt es dafür, dass es allein das ganze Futter bekommt. Die Adoptiveltern sind oft Rotkehlchen, Rohrsänger oder Grasmücken.

Die ersten Kuckucke kommen Mitte April aus Afrika wieder zurück in ihre Brutgebiete. Das sind lichte Wälder, Waldränder, Heckenlandschaften und Moore.

Der Kuckuck wird 32 bis 36 cm groß.

Den Kuckuck kannst du von April bis September bei uns beobachten.

Jan | Feb | Mär | Apr | Mai | Jun | Jul | Aug | Sep | Okt | Nov

Der Waldkauz

031

Nicht einfach zu entdecken ist der Waldkauz, da er meist nachts unterwegs ist. Tagsüber sitzt er mit seinem graubraun oder rotbraun gestreiften Gefieder gut getarnt in einer Baumhöhle. Der Waldkauz hat einen großen, rundlichen Kopf und große schwarze Augen. Meist hört man ihn in der Abenddämmerung und in der Nacht, wenn er schaurig **„hUUUUuh-hu-hu-hu-hUUUUUUuh"** ruft oder laut **„kju-wick"**.

Der Waldkauz ist unsere häufigste Eule. Er brütet in allen Wäldern. Hauptsache, es gibt dort alte Bäume mit Bruthöhlen. So lebt er auch in Parks, auf Friedhöfen und manchmal in großen Gärten. Sind keine passenden Brutbäume da, brütet er auch in Mauernischen, alten Schornsteinen oder in großen Nistkästen.

Wichtig zu wissen!

Eulen sind an das Leben im Dunkeln perfekt angepasst. Mit ihren starren Augen können sie nachts circa drei- bis zehnmal so gut sehen wie wir. Ein kleines bisschen Licht braucht aber auch die Eule, um noch etwas erkennen zu können. Mit ihren Ohren hören Eulen das kleinste Rascheln und sie wissen dann genau, wo die Maus sitzt. Ihren lautlosen Flug verdanken sie den speziellen Härchen auf den Flügeln.

Der Waldkauz wird 37 bis 43 cm groß.

Den Waldkauz kannst du das ganze Jahr über beobachten.

Feb | Mär | Apr | Mai | Jun | Jul | Aug | Sep | Okt | Nov | Dez

Die Waldohreule

032

Die „Federohren“ sind ein sicheres Kennzeichen der Waldohreule. Ihre richtigen Ohren sitzen übrigens seitlich am Kopf unter den Federn. Durch den Gesichtsschleier, so wird die rundliche Federstruktur genannt, die das Gesicht umgibt, werden Schallwellen direkt zu den Ohren geleitet. Mit ihrem braun gescheckten, baumrindenähnlichen Gefieder ist sie am Tag prima getarnt. Auch wenn du sie nicht siehst, an ihren gedämpften **„Uh-uh“**-Rufen kannst du sie erkennen.

Mach mit!

Eulen fressen ihre Beute mit Haut und Haaren. Aber die Knochen und die Haare können sie nicht verdauen. Die werden als Gewölle, eine Art haarige Wurst, wieder ausgespuckt. Unter den Schlafbäumen von Eulen kannst du ihre Gewölle finden. Wenn du sie auseinanderzupfst, findest du die Knochen der Beute. Anhand der Kieferknochen und Zähne kannst du genau feststellen, welche Art Maus die Eule gefressen hat.

Jungtier (Ästling)

Die Waldohreule brütet eher in kleinen Wäldchen, an Waldrändern oder in Feldgehölzen, denn sie braucht offenes Gelände, um auf Mäusejagd zu gehen. Sie nutzt meist alte Krähen- und Elsternester. Im Winter sammeln sich oft mehrere Eulen in einem Baum zu Schlafgemeinschaften.

Die Waldohreule wird 31 bis 37 cm groß.

Die Waldohreule kannst du das ganze Jahr über beobachten.

Jan | Feb | Mär | Apr | Mai | Jun | Jul | Aug | Sep | Okt | Nov

Das Frauenhaarmoos

Das saftig grüne Moos wächst meist als großes, weiches Polster. Die kleinen Moosblättchen stehen spiralig um den Stängel und bilden ein grünes Sternchen. Seinen Namen verdankt das Moos aber den Sporenkapseln, denn die Haube der Kapsel ist filzig behaart.

Das Frauenhaarmoos bildet kuschelig weiche Polster.

Das Frauenhaarmoos ist eines der häufigsten und auffälligsten Waldmoose. Du findest es im Wald am Fuß von Bäumen, auf Steinen und auf Totholz. Es wächst auf leicht sauren Böden und kann 20-mal so viel Wasser speichern, wie es selbst wiegt.

Schau genau!

Sicher hast du dieses Moos schon im Wald entdeckt, das Weißmoos. Es bildet auffällig halbkugelige Polster. Im feuchten Zustand glänzt es blaugrün bis grün. Bei Trockenheit wird es weißlich. Davon hat es seinen Namen. Du findest die Polster einzeln oder in kleinen Gruppen auf dem Waldboden. Früher wurde das Moos gern in der Weihnachtszeit zur Dekoration gesammelt. Das ist aber heute verboten.

Das Frauenhaarmoos wird 5 bis 15 cm hoch.

Das Frauenhaarmoos ist das ganze Jahr über grün.

n | Feb | Mär | Apr | Mai | Jun | Jul | Aug | Sep | Okt | Nov | Dez

Die Graue Baumflechte

Die Baumflechte sieht aus wie eine Pflanze, sie gehört aber zu den Flechten und wird auch Blasenflechte genannt. Flechten sind eine Lebensgemeinschaft zwischen einer Alge und einem Pilz. Die Graue Baumflechte erkennst du an ihrem blattartigen Wuchs mit den lappenförmigen Enden. Die Oberseite ist grünlich grau, die Unterseite ist braunschwarz.

Schau genau!

Es gibt viele verschiedene Flechtenarten. Suche auf Felsen, morschem Holz, an der Basis von Baumstämmen und an hellen, lichtreichen Standorten. Dort findest du bestimmt auch die Echte Becherflechte. An ihren becherförmigen Auswüchsen ist sie leicht zu erkennen.

In unseren Wäldern ist die Graue Baumflechte eine der häufigsten Flechten. Sie wächst an Stämmen und Ästen von Laub- und Nadelbäume wie Eiche oder Fichte. Du kannst sie aber auch auf Steinen und auf Erde finden.

Die Graue Baumflechte wird bis zu 15 cm groß.

Die Graue Baumflechte kannst du das ganze Jahr über finden.

Jan | Feb | Mär | Apr | Mai | Jun | Jul | Aug | Sep | Okt | Nov

Der Fliegenpilz

Der rote Hut mit den weißen Punkten macht den Fliegenpilz zu unserer bekanntesten Pilzart. Obwohl er leicht giftig ist, gilt er als Glückssymbol. Der Hut kann 15 Zentimeter breit werden und hat auf der Unterseite dichtstehende, weiße Lamellen. Der Stiel ist weiß und am Grund etwas dicker.

Finger weg!

Ein tödlich giftiger Pilz ist der Grüne Knollenblätterpilz. Sein Hut ist blass gelbgrün bis olivgrün und hat weiße Lamellen. Er wächst meist in Laubwäldern, gern in der Nähe von Eichen. Vorsicht: Den essbaren Champignon nicht mit diesem Pilz verwechseln!

Der Fliegenpilz steht sowohl in Laub- als auch in Nadelwäldern gern auf sauren Böden. Kalkhaltige Erde meidet er. Du findest ihn häufig in der Nähe von Birken, mit deren Wurzeln er eine Symbiose eingeht. Das heißt, Pilz- und Birkenwurzeln sind miteinander verbunden. Während die Birke dem Pilz Zuckersaft liefert, versorgt der Pilz die Birke mit Mineralien.

Der Fliegenpilz wird bis zu 20 cm hoch.

Den Fliegenpilz kannst du von Juli bis Oktober finden.

Feb | Mär | Apr | Mai | Jun | Jul | Aug | Sep | Okt | Nov | Dez

Der Fichten-Steinpilz

Einer der besten essbaren Pilze ist der Steinpilz. Er ist ein Röhrenpilz, das heißt, anders als die meisten Pilze hat er auf der Hutunterseite keine Lamellen, sondern Röhren. Der Hut ist braun, glatt und dickfleischig. Die Poren sind weiß, bei älteren Pilzen olivgelb. Der Stiel ist ziemlich dick oder tonnenförmig. Der ganze Pilz schmeckt ein bisschen nach Nuss. Vorsicht: Man kann ihn mit dem Gallen-Röhrling verwechseln. Der ist nicht giftig, aber sehr bitter und kann das ganze Pilzgericht verderben.

Wichtig zu wissen!

Pilze gehören weder zu den Pflanzen noch zu den Tieren, sondern bilden eine eigene Gruppe. Es gibt drei verschiedene Lebensweisen der Pilze. Viele leben in einer Art Gemeinschaft (Symbiose) mit Bäumen oder Pflanzen. Andere leben von toten Blättern und Holz. Manche sind Parasiten. Das bedeutet, sie ernähren sich von lebenden Pflanzen oder Tieren und bringen sie dadurch am Ende zum Absterben.

Der Steinpilz wächst gern unter Fichten und Buchen auf sauren Böden. Er ist noch relativ häufig zu finden, darf aber nur für den eigenen Verbrauch gesammelt werden.

Der Fichten-Steinpilz wird bis zu 20 cm hoch.

Den Fichten-Steinpilz kannst du von Juni bis Oktober finden.

Jan | Feb | Mär | Apr | Mai | Jun | Jul | Aug | Sep | Okt | Nov

Der Zunderschwamm

Der Fruchtkörper des Zunderschwamms kann bis zu 30 Jahre alt werden. Er sitzt hutförmig am Stamm eines Baumes. Der Zunderschwamm gehört zu den Porlingen, weil sich auf der Unterseite lauter kleine Öffnungen, also Poren, befinden. Die Oberseite ist wellig, hat eine harte Kruste und ist gelb- bis rotbraun oder gräulich.

Erstaunlich!

Früher wurde der Pilz zum Feuermachen gebraucht. Die filzige Mittelschicht des Pilzes wurde zu Zunder verarbeitet. Fallen Funken auf den Zunder, glimmt er auf. Früher wurde an dieser schwachen Glut mithilfe von Distelsamenhaaren und Stroh Feuer entzündet. Der Pilz war damals so begehrt, dass er richtig selten wurde und aus Nord- und Osteuropa eingeführt werden musste.

An alten Bäumen kann man den Zunderschwamm entdecken.

Ist der Baum wie hier abgebrochen, passt sich der Pilz im Wachstum an und die weißlichen Poren zeigen bald wieder nach unten.

Der Zunderschwamm wächst nur an Laubbäumen, vor allem an Buchen, Birken oder Pappeln. Er kommt besonders in Wäldern mit vielen älteren Bäumen vor. Der Pilz dringt über eine Wunde am Stamm in den Baum ein und zersetzt das Kernholz des Baumes. Meist bricht der Baum an der Stelle irgendwann ab.

Der Zunderschwamm wird bis zu 20 cm hoch und und 30 cm dick.

Den Zunderschwamm kannst du das ganze Jahr über finden.

Feb | Mär | Apr | Mai | Jun | Jul | Aug | Sep | Okt | Nov | Dez

Der Echte Wurmfarn

Das Blatt des Echten Wurmfarns ist fiederblättrig, das heißt, an der Mittelrippe des Wedels sitzen 20 bis 35 Fiederblättchen. Diese sind wiederum aus kleinen Blättchen aufgebaut. Die Farnwedel wachsen trichterförmig aus einer Rosette am Boden heraus. Von Juli bis September bilden sich auf der Blattunterseite die braunen, gebogenen Sporenpakete. Aus den winzigen Sporen können neue Pflanzen entstehen.

Wichtig zu wissen!

Die Sporenpakete auf der Blattunterseite sind, wenn man genau hinsieht, wurmartig gebogen. Seinen Namen verdankt der Farn aber seiner medizinischen Wirkung gegen Würmer im Darm. Früher wurde ein Extrakt aus den Farnwurzeln gegen Bandwürmer eingesetzt. Da es dabei bei den Behandelten aber häufig zu schweren Vergiftungen kam, wird es nicht mehr verwendet.

In leicht feuchten Mischwäldern kommt der Echte Wurmfarn häufig vor, besonders auf lehmigen und nährstoffreichen Böden. Nur in reinen Fichtenwäldern ist er selten oder fehlt ganz.

Der Echte Wurmfarn wird 30 bis 140 cm hoch.

Der Echte Wurmfarn ist von April bis November zu entdecken.

Jan | Feb | Mär | **Apr | Mai | Jun | Jul | Aug | Sep | Okt | Nov** | Dez

Das Buschwindröschen

Das Buschwindröschen ist ein echter Frühlingsbote, denn es blüht als eine der ersten Pflanzen im Wald. Die Blüte besteht meist aus sechs weißen oder leicht rosafarbenen Blütenblättern. Zur Blütezeit entspringen unterhalb der Blüte drei gefiederte Blätter. Da sie zu dritt an einer Stelle des Stängels wachsen, nennt man das quirlblättrig. Erst nach der Blüte wächst noch ein einzelnes Blatt aus dem Wurzelstock.

Wichtig zu wissen!

Die meisten Pflanzen im Wald blühen im Frühling. Das liegt am Licht. Denn im Frühling haben die Bäume noch keine Blätter und die Sonne scheint bis auf den Boden. Später im Jahr, wenn die Bäume ein dichtes Blätterdach bilden, wird es im Wald zu dunkel.

In Laubwäldern, an Waldrändern und in Gebüschen findest du das Buschwindröschen. Es wächst auf lockeren, leicht feuchten Böden. Nach der Blüte sterben die oberirdischen Teile des Buschwindröschens ab. So überdauert nur der Wurzelstock mit den gespeicherten Nährstoffen bis zum nächsten Frühjahr in der Erde.

Das Buschwindröschen wird 5 bis 25 cm hoch.

Das Buschwindröschen blüht von März bis Mai.

Feb | **Mär** | **Apr** | **Mai** | Jun | Jul | Aug | Sep | Okt | Nov | Dez

Der Wald-Sauerklee

Mit dem Klee auf der Wiese ist der Wald-Sauerklee nicht verwandt, er hat nur die typischen dreiteiligen Kleeblätter. Die Blüte sitzt an einem lang gestielten Stängel. Sie ist weiß oder leicht rosa und auf den Blütenblättern kannst du rötliche Adern erkennen. Ein paar Blätter kannst du ruhig probieren, sie schmecken leicht säuerlich, aber bitte nicht zu viel davon essen.

Schau genau!

Der Wald-Sauerklee verträgt viel Schatten. Was er gar nicht mag, ist zu viel Sonne. Um seine Blätter zu schützen, klappt er sie ganz einfach nach unten zusammen. So wird die Blattfläche, die von den Sonnenstrahlen getroffen wird, kleiner. Das Zusammenklappen der Blätter kannst du aber auch beobachten, wenn es abends dunkel wird.

Keine andere heimische Pflanze verträgt so viel Schatten wie der Wald-Sauerklee. So steht er in dunklen Nadelwäldern und Laubmischwäldern. Der Boden muss feucht und leicht sauer sein.

Der Wald-Sauerklee wird 5 bis 15 cm hoch.

Der Wald-Sauerklee blüht von April bis Mai/Juni.

Jan | Feb | Mär | Apr | Mai | Jun | Jul | Aug | Sep | Okt | Nov

Der Bärlauch

Während der Blütezeit riechst du den Bärlauch schon von Weitem. Er duftet kräftig nach Knoblauch und gehört wie dieser zu den Lauchgewächsen. Im Frühling wachsen aus der Zwiebel zwei lang gestielte Blätter. Etwas später folgt der kugelige Blütenstand, der aus circa 10 bis 25 weißen Einzelblüten besteht. Die weißen Blüten haben sechs sternförmige Blütenblätter.

Mach mit!

Heutzutage gibt es den Bärlauch schon auf Wochenmärkten oder sogar im Supermarkt zu kaufen, weil er vielen schmeckt und beliebt ist. Du kannst ihn vor der Blütezeit auch selbst sammeln. Aber Vorsicht: Die Blätter des Maiglöckchens und der Herbstzeitlose sind ziemlich ähnlich und beide sind sehr giftig. Sammle nur mit deinen Eltern und wenn ihr euch alle ganz sicher seid.

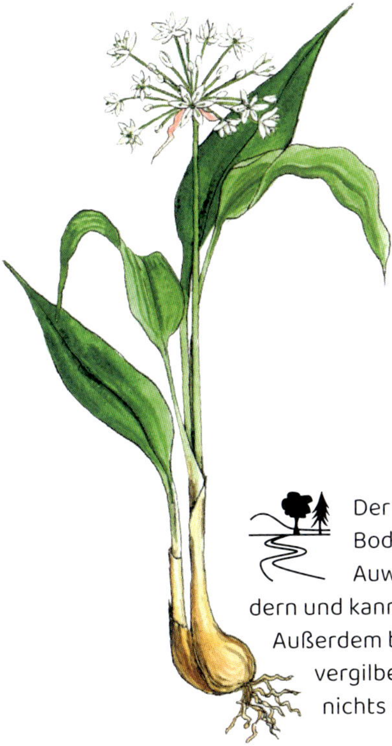

Der Bärlauch mag es feucht, mit lockerem Boden und viel Humus. So steht er häufig in Auwäldern und Buchen- oder Schluchtwäldern und kann dort riesige Flächen bedecken. Außerdem braucht er kalkhaltigen Boden. Ab Juni vergilben die Blätter und ab Juli/August ist nichts mehr vom Bärlauch zu sehen.

Der Bärlauch wird 15 bis 50 cm hoch.

Der Bärlauch blüht von April bis Mai.

Feb | Mär | **Apr** | **Mai** | Jun | Jul | Aug | Sep | Okt | Nov | Dez

Der Waldmeister

Der Name ist dir sicher von Süßigkeiten wie Brausepulver bekannt, aber kennst du auch die Pflanze? Immer sechs bis acht schmale Blättchen bilden auf einer Ebene einen Kreis um den vierkantigen Stiel. Das wird quirlblättrig genannt. Die Blüten entstehen an der Spitze des Stiels. Sie sind sehr klein und die vier weißen Blütenblätter bilden ein kleines Sternchen.

Mach mit!

Hast du schon die leckere Waldmeisterbowle probiert? Hier kommt das Rezept: Pflücke ein kleines Sträußchen Waldmeister, bevor er blüht, und lasse es etwas welk werden. Erst dann entwickelt sich der typische Geruch. Den Waldmeister hängst du kopfüber in einen Liter Apfelsaft, gibst 150 g Zucker in das Gefäß und lässt die Mischung im Kühlschrank ein paar Stunden ziehen. Dann entfernst du den Waldmeister und gibst noch einen Liter kaltes Mineralwasser dazu. Vorsicht, zu viel Waldmeister verursacht Kopfschmerzen!

Auch den Waldmeister findest du in den krautreichen Buchen- und Eichenwäldern. Er braucht lehmigen und kalkhaltigen Boden. An manchen Stellen bedeckt er große Flächen auf dem Waldboden.

Der Waldmeister wird 5 bis 25 cm hoch.

Der Waldmeister blüht von April bis Mai/Juni.

Jan | Feb | Mär | **Apr | Mai | Jun** | Jul | Aug | Sep | Okt | Nov

Der Gefleckte Aronstab

Die Blüte des Aronstabs ist etwas ganz Besonderes. Sie besteht aus einem tütenförmig gerollten, grünlich gelben Blatt, das den Blütenkolben umgibt. Der obere Teil des Kolbens ist braun und schaut aus dem Blatt heraus. Im unteren, umhüllten Teil sitzen die männlichen und weiblichen Blüten. Auffällig sind auch die breiten, pfeilförmigen Blätter, die oft gefleckt sind. Im Spätsommer leuchten die giftigen roten Beeren aus dem Gebüsch!

Erstaunlich!

Die gesamte Blüte ist eine raffinierte Kesselfalle, und die funktioniert so: Der braunrote Kolben riecht vor allem abends nach Urin. Das lockt eine bestimmte Mückenart an. Landet eine solche Mücke auf dem tütenförmigen Blatt, rutscht sie an dessen glatter Wand nach unten in den „Kessel". Dort kommt sie wegen der Härchen nicht mehr nach oben. Beim Herumkrabbeln bestäubt sie die Blüten und wird erst wieder freigelassen, wenn die ganze Blüte verwelkt.

Der Aronstab wächst da, wo auch Buschwindröschen oder Bärlauch vorkommen: in Laubwäldern und Gebüschen. Bevorzugt werden kalkhaltige Böden.

Der Gefleckte Aronstab wird 20 bis 40 cm hoch.

Der Gefleckte Aronstab blüht von April bis Mai/Juni.

n | Feb | Mär | Apr | Mai | Jun | Jul | Aug | Sep | Okt | Nov | Dez

Der Rote Fingerhut

Wie purpurrote Glocken hängen die Blüten an der oberen Hälfte des langen Stängels. Da sie die Größe eines Fingerhutes haben, wird die Pflanze Fingerhut genannt. Im Inneren der Blüte siehst du weiß umrandete dunkelrote Flecken. Sie sollen aussehen wie große Staubbeutel und Insekten anlocken. Vor allem Hummeln kriechen in die Blüte.

Auf Waldlichtungen und an Wegrändern findest du den Fingerhut. Er steht in Laub- und in Nadelwäldern auf sauren Böden. Das natürliche Verbreitungsgebiet sind die Mittelgebirge von Westdeutschland, vereinzelt kommt der Fingerhut auch als Zierpflanze oder verwildert im übrigen Deutschland vor.

Alle Blüten zeigen in dieselbe Richtung.

Finger weg!

Schon zwei bis drei Blätter des Fingerhutes sind für den Menschen tödlich. Doch in der richtigen Dosis ist das Gift des Fingerhutes eine gute Medizin gegen Herzschwäche. Achte einmal auf die Blüten, sie zeigen alle in dieselbe Richtung, das nennt man in der Fachsprache einseitswendiger Blütenstand.

Der Rote Fingerhut wird bis zu 1,5 m hoch.

Der Rote Fingerhut blüht von Juni bis August.

Jan | Feb | Mär | Apr | Mai | Jun | Jul | Aug | Sep | Okt | Nov | D

Die Frühlings-Platterbse

Die Frühlings-Platterbse ist ein Schmetterlingsblütler. Das oberste Blütenblatt ist leicht nach oben gebogen und wird „Fahne" genannt. Die beiden unteren sind zum „Schiffchen" zusammengewachsen und die beiden äußeren bilden die „Flügel" und umhüllen das Schiffchen. Drei bis acht der purpurroten Blüten bilden eine Traube. Die Blätter haben drei bis vier Paar längliche Fiederblättchen. Die Frucht ist eine circa sechs Zentimeter lange Bohnenschote.

Schau genau!

Wenn du dir die Blüten genauer anschaust, dann erkennst du unterschiedliche Farben. Denn je nach Alter der Blüte wechseln sie. Erst ist die Blüte purpurrot, dann wird sie bläulich und zum Schluss blauviolett oder grünlich beige.

In sonnigen Laubwäldern wächst die Frühlings-Platterbse auf kalkhaltigen, lehmigen Böden. In den Mittelgebirgen kannst du sie häufig finden, im Tiefland eher selten. Ihre Wurzeln reichen bis in einen Meter Tiefe, sodass sie auch in trockeneren Wäldern vorkommen kann.

An dieser Pflanze kannst du frische Blüten, gereifte und alte Blüten erkennen. Weißt du noch, welche Blüten welche Farbe haben?

Die Frühlings-Platterbse wird 20 bis 40 cm hoch.

Die Frühlings-Platterbse blüht von April bis Juni.

n | Feb | Mär | Apr | Mai | Jun | Jul | Aug | Sep | Okt | Nov | Dez

Der Hohle Lerchensporn

Die Blüte besteht aus nur zwei sichtbaren Blütenblättern, die blaulila oder weiß sein können. Sie sieht ein bisschen aus wie ein Mund. Das obere Blütenblatt bildet die Oberlippe, ist vorn nach oben geklappt und hat hinten einen langen Sporn. Das untere Blütenblatt bildet die verbreiterte Unterlippe. Circa 10 bis 20 Blüten bilden einen traubigen Blütenstand. Am Stängel sitzen zwei gefiederte Blätter.

Schau genau!

Im Sporn der Blüte befindet sich viel Nektar, der aber nur von langrüsseligen Bienen und Hummeln erreicht werden kann. Hummeln mit kurzem Rüssel kommen über die Blütenöffnung nicht an den Nektar heran. Doch sie haben einen Trick: Sie beißen am Ende des Sporns die Blüte auf und können so den Nektar auflecken. Wenn du genau hinschaust, findest du vielleicht kleine Löcher am Sporn.

In leicht feuchten, nährstoffreichen Laubwäldern mit kalkhaltigem Boden findest du den Hohlen Lerchensporn. Hohl sind übrigens die Knollen, mit denen die Pflanze überwintert. Sie sind auch besonders giftig, damit sie zum Beispiel nicht von Wildschweinen gefressen werden.

Der Hohle Lerchensporn wird 15 bis 30 cm hoch.

Der Hohle Lerchensporn blüht von März bis Mai.

Jan | Feb | Mär | Apr | Mai | Jun | Jul | Aug | Sep | Okt | Nov | D

Das Leberblümchen

Das Leberblümchen erkennst du leicht an seinen dreilappigen, ledrigen Blättern. Und spätestens, wenn es seine sternförmigen, blaulila Blüten öffnet, ist es unverkennbar. Manchmal gibt es auch weiß blühende Exemplare. Den Namen verdankt die Blume übrigens den Blättern, die der Form einer Leber ähneln.

Wichtig zu wissen!

Die Samen des Leberblümchens säen sich entweder selbst aus oder werden von Ameisen verschleppt. Die Samen haben nämlich ein ölhaltiges Anhängsel, das Ameisen gern fressen. Deshalb transportieren sie die Samen in ihren Ameisenbau. Dabei gehen auch hin und wieder Samen verloren und sie werden so in einem größeren Umkreis verteilt.

Leberblümchen blühen schon ganz früh im Jahr, vor allem in Eichen- und Buchenwäldern. Sie brauchen kalkhaltige und lehmige Böden, dann wachsen sie in den Bergen auch in Nadelwäldern.

Das Leberblümchen wird 5 bis 20 cm hoch.

Das Leberblümchen blüht von März bis Mai.

Feb | Mär | Apr | Mai | Jun | Jul | Aug | Sep | Okt | Nov | Dez

Das Wald-Veilchen

Veilchenblüten haben fünf Blütenblätter. Zwei stehen nach oben und drei nach unten, dabei hat das mittlere nach hinten einen Sporn. Beim Wald-Veilchen ist der Sporn dunkelviolett, der Rest der Blüte ist blauviolett. Die einzelnen Blüten entspringen in den Achseln der herzförmigen Blätter.

Das Wald-Veilchen wächst in nährstoffreichen, kalkhaltigen Lehmböden, vor allem in Laubwäldern der Mittelgebirge. Im Flachland ist es selten. Du kannst es auch immer wieder zusammen mit anderen Frühlingsblühern wie Wald-Sauerklee oder Buschwindröschen finden.

Wichtig zu wissen!

Es gibt viele ähnliche Arten. Am bekanntesten ist sicher das März-Veilchen. Denn das verströmt den berühmten Veilchenduft, der für Parfüms verwendet wird. Deshalb wird es auch Duft-Veilchen genannt. Es wächst aber eher in Hecken und auf Wiesen.

Das Wald-Veilchen wird 5 bis 20 cm hoch.

Das Wald-Veilchen blüht von März bis Mai.

Jan	Feb	Mär	Apr	Mai	Jun	Jul	Aug	Sep	Okt	Nov

Das Wald-Weidenröschen

Die großen, rosa oder violetten Blüten erkennst du schon von Weitem. Sie sind vierblättrig und gehen nach und nach am Stiel von unten nach oben auf. So kannst du an einer Pflanze neben den Blüten auch Knospen und die länglichen Samenkapseln finden. Springen die Samenkapseln auf, entlassen sie hunderte lang behaarte Samen, die kilometerweit fliegen können.

Wichtig zu wissen!

Das Wald-Weidenröschen wird auch Schmalblättriges Weidenröschen genannt. Aus den schmalen Blättern wird in Russland der sogenannte „Koptische Tee" hergestellt. Er ähnelt schwarzem Tee, nur ohne Koffein. Auch die frischen Triebe und Blätter können als Wildgemüse gegessen werden. Die Blätter enthalten viel Vitamin C und schmecken deshalb etwas säuerlich.

Das Wald-Weidenröschen mag eher saure Böden und besonders sonnige Standorte. Deshalb findest du es an Waldrändern, an Waldwegen und besonders häufig auf Lichtungen und frischen Kahlschlägen. Dort steht es oft massenhaft und ist nicht zu übersehen.

Das Wald-Weidenröschen wird bis zu 120 cm hoch.

Das Wald-Weidenröschen blüht von Juli bis August.

Feb | Mär | Apr | Mai | Jun | **Jul** | **Aug** | Sep | Okt | Nov | Dez

Die Echte Waldrebe

Mit ihren drei bis fünfteiligen Fiederblättern klammert sich die Echte Waldrebe an anderen Bäumen und Sträuchern fest und rankt in die Höhe. Die Triebe winden sich immer linksherum um Äste und Zweige. Damit gehört die Echte Waldrebe zu den wenigen lianenartigen Pflanzen in unseren Wäldern. Die weißen Blüten sind im Gegensatz zu den weißgrauen, wolligen Fruchtständen eher unauffällig.

Finger weg!

Der Pflanzensaft der Echten Waldrebe enthält Wirkstoffe, die die Haut stark reizen. Du kannst davon Blasen und Entzündungen auf der Haut bekommen. Im Mittelalter haben Bettler den Pflanzensaft benutzt, um besonders mitleiderregend auszusehen. Sie hofften, so mehr Geld gespendet zu bekommen.

Die Echte Waldrebe findest du an Waldrändern und Gebüschen, besonders auf feuchten Böden wie in Auwäldern. An günstigen Stellen überwuchern sie ganze Baum- und Strauchgruppen.

Die Echte Waldrebe wird 5 bis 15 m hoch.

Die Echte Waldrebe blüht von Juni bis September.

Jan	Feb	Mär	Apr	Mai	Jun	Jul	Aug	Sep	Okt	Nov

Der Efeu

Die Efeublätter haben eine glänzende Oberseite und helle Blattadern. Typisch sind die drei- oder fünflappigen Blätter. An den blühenden Trieben sind die Blätter aber ungelappt und rautenförmig. Auch in seiner Wuchsform ist der Efeu sehr verschieden. Als Jungpflanze kriecht er über den Boden und kann den ganzen Waldboden bedecken, später klettert er mit seinen Haftwurzeln an allem hoch, was eine raue Oberfläche hat.

rautenförmiges Blatt

Die Beeren werden gern von Vögeln gefressen.

fünflappiges Blatt

Efeu ist eine Pflanze, die gut mit schattigen Standorten zurechtkommt. Er wächst bevorzugt in Laub- und Auwäldern. In Städten wird er gern zur Begrünung von Hauswänden, Mauern und Zäunen angepflanzt.

Wichtig zu wissen!

Efeu ist vielseitig. Er wird zum Beispiel in der Medizin verwendet. In geringer Dosierung hilft er gut gegen Husten. Vögel nutzen die dichte Blätterwand, um ihr Nest darin zu bauen. Vielen Insekten und Spinnen dient der Efeu als Lebensraum. Eine Hauswand schützt er prima vor Regen sowie großen Temperaturschwankungen und er ist eine zusätzliche Isolierung.

Der Efeu wird bis zu 20 m hoch.

Der Efeu blüht von September bis Oktober.

Feb | Mär | Apr | Mai | Jun | Jul | Aug | **Sep** | **Okt** | Nov | Dez

Das Pfaffenhütchen

Im Herbst fällt das Pfaffenhütchen mit seinen leuchtend roten Fruchtkapseln und dem orangefarbenen Kern auf. Dieser Fruchtkapsel verdankt es auch seinen Namen, da sie so aussieht wie die Kopfbedeckung katholischer Pfarrer. Die länglichen Blätter sind am Rand fein gesägt. Eher unscheinbar sind die kleinen weißen Blüten mit ihren vier Blütenblättern.

Finger weg!

Vorsicht! Alle Pflanzenteile des Pfaffenhütchens sind für Menschen sehr giftig.

Wichtig zu wissen!

Einige Vögel können die giftigen Früchte unbeschadet fressen. Besonders das Rotkehlchen mag sie sehr, vielleicht hat es auch deshalb ein sehr ähnliches Verbreitungsgebiet wie das Pfaffenhütchen. Die Samen keimen übrigens erst nach vier bis fünf Jahren, wenn sie mehrmals Frost ausgesetzt waren. Die Samen verbreiten sich aber auch über Wurzelknospen.

Das Pfaffenhütchen findest du an Waldrändern und in Hecken. Es wächst gut in Auwäldern oder Buchenwäldern mit nährstoffreichen und kalkhaltigen Böden.

Das Pfaffenhütchen wird 2 bis 6 m hoch.

Das Pfaffenhütchen blüht von Mai bis Juni.

Jan | Feb | Mär | Apr | Mai | Jun | Jul | Aug | Sep | Okt | Nov

Die Heidelbeere

Von Juli bis September findest du die tiefblauen, aromatischen Früchte der Heidelbeere. Die Heidelbeere wird deshalb auch Blaubeere genannt. Sie ist ein kleiner, stark verzweigter Busch. Die Zweige sind grün und haben scharfe, geflügelte Kanten. Der Rand der zwei bis drei Zentimeter großen, eiförmigen Blätter ist fein gesägt. Die kugeligen Blüten stehen einzeln in den Blattachseln und sind erst grünlich, später rötlich.

Schau genau!

Heidelbeere und Preiselbeere sind verwandt. Die Preiselbeere ist ein immergrüner Busch, der circa 15 Zentimeter groß wird und über den Boden kriecht. Die ledrigen Blätter haben einen umgerollten Rand. Die drei bis acht rosafarbenen, glockenförmigen Blüten sitzen am Ende des Stängels und im Spätsommer erscheinen die knallroten, leicht sauren Früchte. Da die Preiselbeeren zusammen mit den Heidelbeeren vorkommen, gibt es sehr selten sogar Kreuzungen zwischen diesen beiden Arten, die Bastard-Heidelbeere.

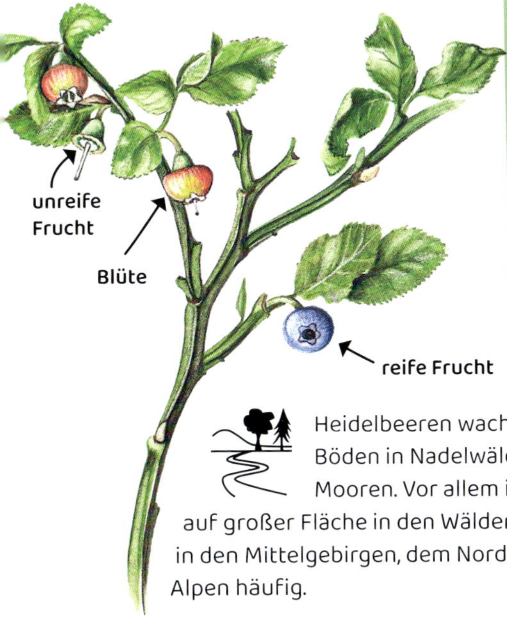

Heidelbeeren wachsen auf sogenannten sauren Böden in Nadelwäldern, auf Heideflächen und Mooren. Vor allem in Nordeuropa wachsen sie oft auf großer Fläche in den Wäldern. Bei uns sind Heidelbeeren in den Mittelgebirgen, dem Norddeutschen Tiefland und in den Alpen häufig.

Die Heidelbeere wird bis zu 50 cm hoch.

Die Heidelbeere blüht von April bis August.

Feb	Mär	Apr	Mai	Jun	Jul	Aug	Sep	Okt	Nov	Dez

Die Rot-Buche

Bestimmt kennst du die Früchte der Buche, die dreikantigen Bucheckern. Sie stecken in einer stacheligen, vierklappigen Fruchthülle. Die Blätter des Baumes sind eiförmig, glatt und glänzend und haben einen welligen Rand. Im Frühjahr sind sie noch leicht behaart. Auch die Rinde ist glatt und glänzend und an der grauen Farbe gut zu erkennen. Den Namen hat die Rot-Buche wegen der rötlichen Färbung ihres Holzes.

Vom Flachland bis in die Berge ist die Rot-Buche überall zu finden, denn sie ist unser häufigster Laubbaum. Da die jungen Pflanzen viel Schatten vertragen, setzt sie sich gut gegen andere Bäume durch.

typischer Buchenwald

Wichtig zu wissen!

Erst nach 40 bis 80 Jahren trägt eine Buche das erste Mal Früchte. Die Bucheckern werden von vielen Tieren gefressen, etwa von Eichhörnchen, Buchfinken und Mäusen. Du kannst sie auch probieren. Aber Vorsicht, zu viele davon verursachen Bauchschmerzen. Durch Erhitzen oder Rösten verschwinden die Giftstoffe. So wurden früher in Notzeiten Bucheckern gemahlen und das Mehl verbacken oder das Öl herausgepresst.

Die Rot-Buche wird bis zu 40 m hoch.

Die Rot-Buche blüht im April/Mai.

Jan | Feb | Mär | Apr | Mai | Jun | Jul | Aug | Sep | Okt | Nov

Die Hain-Buche

Die Hain-Buche ist mit der Rot-Buche nicht direkt verwandt, aber die Form der Blätter und die graue, glatte Rinde sind ähnlich. Allerdings sind die Blätter am Rand gesägt und die Rinde hat noch netzartige Linien. Die geflügelten Samen hängen im Herbst an langen Fruchtständen herab und lösen sich erst zwischen Oktober und November ab.

Wichtig zu wissen!

Die Hain-Buche wird auch als Weiß-Buche bezeichnet, weil sie sehr schönes helles Holz hat. Das Holz ist nach dem vom Speierling das härteste und schwerste heimische Holz, trotzdem ist es noch recht biegsam. So werden daraus besonders stabile Werkzeuge wie Holzhämmer oder Werkzeugstiele gefertigt.

Frucht-stand

geflügelter Samen

Wenn man im Frühjahr die Zweige mit den männlichen Blüten schüttelt, rieselt gelber Pollenstaub herunter.

In Laubwäldern ist die Hain-Buche recht häufig. Auch in Parks und Gärten kommt sie vor. In Gärten findest du sie aber meist als Hecke, da sie sich gut beschneiden lässt. Im Winter bleiben die braunen Blätter hängen und bieten so einen Sichtschutz.

Die Hain-Buche wird 25 bis 30 m hoch.

Die Hain-Buche blüht im April/Mai.

n | Feb | Mär | Apr | Mai | Jun | Jul | Aug | Sep | Okt | Nov | Dez

Die Winter-Linde

1 000 Jahre alt kann die Winter-Linde werden. Sie hat herzförmige Blätter mit einer kleinen Spitze und auf der Blattunterseite bräunliche Haare in den Achseln der Blattadern. Die drei bis sieben kleinen, rundlichen Früchte hängen an einem Tragblatt. Damit können die Samen bei Wind weit fliegen und verbreiten sich besser. Sehr ähnlich ist die Sommer-Linde. Sie hat größere Blätter mit weißlichen Haaren und meist weniger Früchte.

Mach mit!

Linden sind vielseitig nutzbar: Ihr weiches Holz lässt sich sehr gut schnitzen. Ein Tee aus den Blüten hilft gut bei Erkältungen (Seite 103) und Imker freuen sich über den guten Lindenblütenhonig.

Winter-Linde

Sommer-Linde

Die Winter-Linde steht verstreut in unseren Wäldern, vor allem in den Mittelgebirgen. Oft wird sie in Parks oder als Straßenbaum gepflanzt.

Die Winter-Linde wird 25 bis 30 m hoch.

Die Winter-Linde blüht im Juni/Juli.

Jan | Feb | Mär | Apr | Mai | **Jun** | **Jul** | Aug | Sep | Okt | Nov | D

Die Hänge-Birke

Unverwechselbar ist die weiße Rinde, die sich in papierartigen Streifen ablösen lässt. Ebenso kennzeichnend für die Hänge-Birke sind ihre langen, dünnen herunterhängenden Zweige, denen sie ihren Namen verdankt. Die Blätter sind relativ klein, dreieckig bis eiförmig und haben einen gezackten Rand. Die kleinen, geflügelten Samen werden vom Wind weit verstreut und dringen in jede Ritze.

Samen

Erstaunlich!

Birkenholz ist ein prima Brennholz. Dank der ätherischen Öle in der Rinde brennt es sogar als Frischholz recht gut. Als Zunder zum Anzünden ist deshalb die papierartige Rinde ideal. In der Steinzeit wurde aus der Rinde Birkenteer gekocht und als ziemlich guter Klebstoff genutzt. Pfeilspitzen wurden mit diesem Teer am Schaft fixiert.

Die Hänge-Birke steht oft auf sandigen Böden, in Heiden und Mooren. Als Erstbesiedler wächst sie auch auf Brachland, in Kiesgruben, Hecken und an Waldrändern. Sie braucht viel Licht.

Die Hänge-Birke wird bis zu 25 m hoch.

Die Hänge-Birke blüht von März bis Mai.

n | Feb | Mär | Apr | Mai | Jun | Jul | Aug | Sep | Okt | Nov | Dez

Die Stiel-Eiche

Schau dir mal die Rückseite einer 1-Cent-Münze an. Dort siehst du buchtig gelappte Blätter und ein Paar Eichelfrüchte mit langem Stiel. Sie gehören zur Stiel-Eiche, sie ist sozusagen der Nationalbaum Deutschlands. Die Blüten sind eher unscheinbar und blühen kurz nach dem Austrieb der Blätter. Sehr ähnlich sieht die Trauben-Eiche aus. Ihre Blätter sind aber nicht so stark gelappt und die Früchte nicht lang gestielt.

Wichtig zu wissen!

Schon immer wurde die Eiche für die unterschiedlichsten Zwecke genutzt. Das Holz ist hart, zäh und haltbar, sodass es viel zum Bauen gebraucht wurde. Im Herbst wurden die Schweine in den Wald getrieben, damit sie sich von den Eicheln eine dicke Speckschicht anfressen. Da die Eichenrinde viele Gerbstoffe enthält, wurden mit ihr Tierhäute und Leder gegerbt.

Trauben-Eiche

Die Stiel-Eiche ist ein häufiger Baum in unseren Wäldern, in Parks und auf Friedhöfen. Sie steht eher auf feuchten Böden, die Trauben-Eiche mag es lieber trocken.

Die Stiel-Eiche wird 20 bis 40 m hoch.

Die Stiel-Eiche blüht im April/Mai.

Jan | Feb | Mär | Apr | Mai | Jun | Jul | Aug | Sep | Okt | Nov | D

Der Berg-Ahorn

Es gibt drei verschiedene Ahornarten in Deutschland, der Berg-Ahorn ist die häufigste. Er hat große, handförmig gelappte Blätter mit kurzen Spitzen. Die unauffälligen grüngelben Blüten erscheinen mit den Blättern oder kurz danach. Die Flügelfrüchte sind stark gewinkelt und drehen sich wie ein Hubschrauber, wenn sie vom Baum fallen.

Ahornblüte

Der Berg-Ahorn mag es eher kühl und feucht. Deshalb kommt er besonders in den Mittelgebirgen und in den Alpen bis zur Baumgrenze vor. Etwas seltener steht er in den Wäldern im Tiefland.

Mach mit!

Achte im Herbst auf leuchtend rote und gelbe Herbstblätter. Meist sind das die Blätter der Ahornbäume, denn die bekommen ein besonders farbenprächtiges Laub. Aus den Blättern kannst du schöne Collagen auf Papier kleben und dank der hervorstehenden Blattadern auch tolle Abdrücke von den Blättern machen. Eine Anleitung findest du auf S. 101.

Der Berg-Ahorn wird 20 bis 30 m hoch.

Der Berg-Ahorn blüht im April/Mai.

n | Feb | Mär | Apr | Mai | Jun | Jul | Aug | Sep | Okt | Nov | Dez

Die Esche

Die Esche hat ein zusammengesetztes Blatt. Das heißt, das Einzelblatt wird bis zu 40 Zentimeter lang und besteht aus 9 bis 13 einzelnen Fiederblättchen. Die sind länglich eiförmig und am Blattrand gesägt. Die Blüten erscheinen vor den Blättern und die geflügelten Samen hängen im Herbst in Rispen vom Baum. Im Winter erkennst du die Esche gut an den schwarzen Knospen.

Wichtig zu wissen!

Seit circa 20 Jahren kommt es in großen Teilen Europas zu einem Eschensterben. Es fängt erst mit dem Absterben von Ästen und Teilen der Rinde an, dann stirbt der ganze Baum. Forscher haben festgestellt, dass eine bestimmte Pilzart die Bäume befällt. In Dänemark sind schon fast alle Eschen abgestorben.

Du findest die Esche auf feuchten Böden wie in Auwäldern, Tälern oder Schluchten. Sie wächst aber auch auf eher trockenen Kalkböden und wird häufig in Parks gepflanzt.

Die Esche wird bis zu 40 m hoch.

Die Esche blüht im April/Mai.

Jan | Feb | Mär | Apr | Mai | Jun | Jul | Aug | Sep | Okt | Nov | D

Die Vogelbeere

Die Vogelbeere wird auch Eberesche genannt. Ihre Blätter sehen denen der Esche sehr ähnlich, die Bäume sind aber nicht näher miteinander verwandt. Die Blätter sind nur 15 bis 20 Zentimeter lang und die Teilblätter schärfer gesägt. Die Blüte bildet eine auffällige weiße Dolde, aus der im Herbst die roten Vogelbeeren werden.

Mach mit!

In der Tierwelt ist die Vogelbeere sehr beliebt. Über 60 Vogelarten und viele Säugetiere fressen ihre Beeren. So werden sie auch weit verbreitet, denn die Samenkörner werden wieder ausgeschieden. Und auch du kannst sie essen. Roh sind die Beeren zwar etwas bitter und machen in größeren Mengen Bauchschmerzen, gekocht sind sie aber gut genießbar und du kannst Marmelade daraus kochen.

Als Pionierbaum ist die Vogelbeere sehr anspruchslos und besiedelt schnell Kahlschläge, Lichtungen, Hecken und Waldränder. Wegen ihrer schönen Blüten und Früchte wird sie gern in Parks und Gärten angepflanzt.

Die Vogelbeere wird bis 20 m hoch.

Die Vogelbeere blüht im Juni/Juli.

n	Feb	Mär	Apr	Mai	Jun	Jul	Aug	Sep	Okt	Nov	Dez

Die Fichte

Die vierkantigen Nadeln sind starr und spitz und deshalb recht piksig. Sie sitzen dicht schraubig um den Zweig. Die männlichen und weiblichen Blütenstände wachsen getrennt am Baum, sind also nicht in einer Blüte zusammengefasst. Sie sitzen meist in der oberen Hälfte des Baumes und dies nur alle drei bis vier Jahre. Die hängenden Zapfen sind ein gutes Erkennungsmerkmal der Fichte.

Wichtig zu wissen!

Auf den ersten Blick ist die Weiß-Tanne leicht mit der Fichte zu verwechseln. Doch im Gegensatz zur Fichte sind die Nadelblätter abgeflacht und weich. Außerdem hängen die Zapfen nicht nach unten, sondern stehen wie Kerzen am Weihnachtsbaum aufrecht am Ast. Sie fallen auch nie als Ganzes vom Baum, sondern die Schuppen lösen sich schon am Baum und lassen die Samen frei. Die Tanne wächst in den Alpen und in den Höhenlagen der süddeutschen Mittelgebirge. Der hellgrauen Rinde verdankt sie den Namen Weiß-Tanne.

Heutzutage ist die Fichte der häufigste Baum in Deutschland. Das liegt daran, dass sie leicht anzupflanzen ist, schnell wächst und viel Holzertrag bringt. Natürlicherweise kommt die Fichte in Gebirgsregionen oberhalb von 800 Metern vor.

Die Fichte wird bis zu 50 m hoch.

Die Fichte blüht im Mai/Juni.

Jan | Feb | Mär | Apr | **Mai** | **Jun** | Jul | Aug | Sep | Okt | Nov | D

Die Wald-Kiefer

Kiefern haben im Vergleich zu anderen Nadelbäumen ziemlich lange Nadeln. Bei der Wald-Kiefer sind sie vier bis acht Zentimeter lang, stehen immer zu zweit, sind leicht gedreht und im Querschnitt fast halbkreisförmig. Unten am Stamm hat die Rinde tiefe Risse und bildet Platten und Schuppen, weiter oben ist sie glatt und es lösen sich papierdünne Fetzen. Die eiförmigen Zapfen können bis zu acht Zentimeter groß werden.

Mach mit!

Den Zapfen einer Kiefer kannst du zum Messen der Luftfeuchtigkeit benutzen. Ist die Luft trocken, öffnen sich die Schuppen des Zapfens. Ist die Luft sehr feucht oder hat es geregnet, schließt sich der Zapfen wieder.

Die Wald-Kiefer steht eher auf Böden nährstoffarmen und trockenen Standorten auf Böden, wie Sand- oder Moorböden. Sie kommt mit weniger Wasser aus als viele andere Bäume und wird deshalb in Parks und Gärten gepflanzt.

Die Wald-Kiefer wird bis zu 40 m hoch.

Die Wald-Kiefer blüht im April/Mai.

Feb	Mär	Apr	Mai	Jun	Jul	Aug	Sep	Okt	Nov	Dez

Urwald oder Forst

Auf den ersten Blick fällt es einem gar nicht auf, aber die meisten Wälder in Deutschland sind vom Menschen beeinflusst. Das bedeutet, dass die Natur nicht machen kann, was sie will, wie in einem richtigen Urwald, sondern nur das, was der Waldbesitzer will.

Mach mit!

Auch als Kind oder Jugendlicher kannst du für den Schutz des Waldes etwas tun. Lasse keinen Müll liegen, mache keinen Lärm, laufe nicht durchs Dickicht und nimm Rücksicht auf die Tiere. Grundsätzlich gilt: Alles, was die Umwelt schont, zum Beispiel weniger Papier zu verbrauchen und Energie zu sparen, hilft meist auch, Wälder zu erhalten.

Hier hat der Mensch entschieden und Fichten in ordentlichen Reihen gepflanzt.

Zum Beispiel achtet er darauf, dass nur bestimmte Baumarten in seinem Wald wachsen oder nur die besonders geraden Bäume, weil sie später besser zu verkaufen sind. Oft räumt er auch das Totholz weg, weil es vielleicht Schädlinge anlockt. Diese vom Menschen kontrollierten Wälder werden als Wirtschaftswälder oder **Forst** bezeichnet.

Erstaunlich!

Höher als ungefähr 130 Meter kann ein Baum nicht werden, denn das Wasser für die Blätter kann er nicht höher transportieren. Der im Moment höchste Baum der Erde ist ein Küstenmammutbaum in Kalifornien (USA) mit 115 Metern. In Deutschland steht in Freiburg mit 67,1 Metern der höchste Baum, eine nordamerikanische Douglasie.

Auch der Stamm eines Mammutbaumes ist mächtig.

Wichtig zu wissen!

Willst du das Alter eines Baumes bestimmen, musst du „nur" die Jahresringe zählen. Denn jedes Jahr wächst der Baum ein wenig und dies hinterlässt im Holz einen sichtbaren Ring. Schaue dir mal bei einem Waldspaziergang die Schnittfläche eines gefällten Baumes an. Die breiteren hellen Ringe stammen aus dem Frühjahr und Sommer, wenn der Baum stark wächst. Die schmalen dunkleren Ringe sind im Herbst und Winter entstanden. Schleifst du die Oberfläche glatt und nimmst eine Lupe, kannst du die Ringe besser zählen.

Richtige **Urwälder** gibt es in Deutschland schon lange nicht mehr. Naturbelassene Wälder findest du in Nationalparks wie dem Nationalpark Bayerischer Wald, dem Kellerwald in Hessen, dem Nationalpark Harz, dem Müritz-Nationalpark oder dem Nationalpark Berchtesgaden. Da es die Nationalparks aber noch nicht so lange gibt, der älteste ist gerade mal 40 Jahre alt, konnten sich in der kurzen Zeit noch keine richtigen urwaldähnlichen Strukturen entwickeln. Das passiert, wenn sich lange genug ein natürlicher Kreislauf einstellen kann. Bäume sterben an Altersschwäche oder bei Stürmen und werden zersetzt, während junge Bäume heranwachsen. Die Natur entscheidet, wie der Wald aussieht und welche Pflanzen und Tiere sich ansiedeln.

Mach mit!

Mit einem Freund und einem Stock kannst du die Höhe eines Baumes messen. Dein Freund stellt sich neben den Baumstamm. Dann nimmst du einen Stock in die Hand und gehst so weit zurück, bis du die Spitze des Baumes gut erkennst. Jetzt hältst du den Stock mit gestrecktem Arm vor dich: Die Spitze des Stocks zeigt zur Baumspitze, dein Daumen zeigt zum Fuß des Baumes. Jetzt kippst du den Stock um 90 Grad zur Seite. Der Daumen bleibt am Fuß des Baumes. Nun läuft dein Freund bis du ihn an der Spitze des Stockes sehen kannst. Dabei zählt er die Meterschritte. Dann habt ihr die ungefähre Höhe des Baumes herausgefunden.

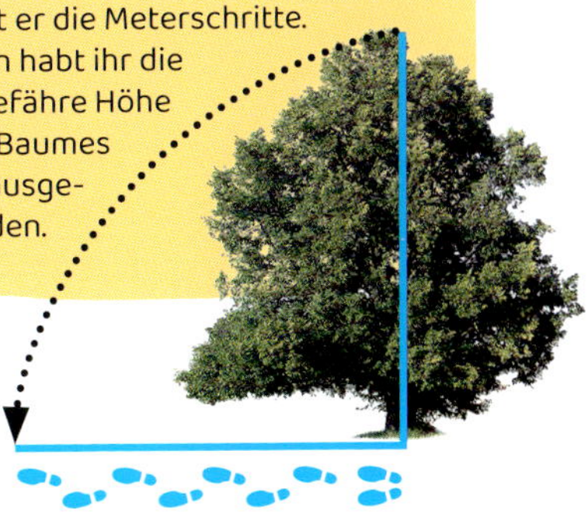

Was der Wald alles kann!

Wälder sind für uns Menschen sehr wichtig, denn sie haben viele wichtige Funktionen und Aufgaben. Welche fallen dir ein?

Sicher denkst du ans Holzschlagen, ans Wandern oder Pilzesammeln. Aber hättest du gedacht, dass der Wald ein riesiger **Luftfilter** ist? Ein Hektar Wald, das ist eine Fläche von 100 × 100 Metern, kann pro Tag bis zu 400 Kilogramm Staub aus der Luft filtern. Nur an der Küste und oben in den Bergen ist die Luft so staubfrei wie im Wald. Gleichzeitig produziert der Wald den für uns wichtigen Sauerstoff. Die vielen Blätter filtern auch laute Geräusche. Achte einmal darauf, wie weit du auf dem offenen Feld eine Straße noch hörst und wie still es dagegen im Wald ist.

Wichtig zu wissen!

Wie ein Haus ist der Wald in verschiedene Stockwerke aufgeteilt. Ganz unten ist die Moos- oder Bodenschicht. Hier wachsen kleine Pflanzen, Moose und Pilze. Das nächste Stockwerk ist die Krautschicht. Sie reicht bis auf circa 1,5 Meter Höhe und besteht aus Farnen, Gräsern, kleinen Bäumen und Sträuchern. Bis in fünf Meter Höhe reicht die Strauchschicht mit Sträuchern und dem Baumnachwuchs. Das oberste Stockwerk bildet die Baum- oder Kronenschicht.

Moos kann problemlos längere Zeit ohne Wasser auskommen. Ist es draußen feucht oder regnet es, saugt es sich wie ein Schwamm voll und hält das Wasser fest (unten).

Unter der Erde ist der Waldboden ein hervorragender **Wasserspeicher** und **Wasserfilter**. Wie ein Schwamm saugen die vielen Hohlräume zwischen den Wurzeln das Regenwasser auf und geben es langsam an das Grundwasser ab, genauso wie die vielen Moose, Holzstücke und die Laubstreu auf dem Boden.

Mach mit!

Um die Baumschicht zu erkunden, muss man in die Baumkronen klettern. Das ist aber ziemlich schwierig und gefährlich. Viel einfacher und trotzdem spannend geht das für dich in Waldklettergärten oder auf Baumwipfelpfaden, wo du bequem auf einem Steg zwischen den Baumkronen entlanggehen und alles beobachten kannst.

Durch das Wasser im Waldboden und die Verdunstung über die Blätter bleibt im Sommer die **Luft** im Wald **kühl**. Wenn du vom offenen Feld in den Wald gehst, merkst du den Unterschied sofort. Mit einem Thermometer kannst du das auch gut messen. So können stadtnahe Wälder die heiße und stickige Luft der Stadt ein bisschen abkühlen. Die Wurzeln halten außerdem den Boden fest und verhindern, dass die gute Erde vom Regen weggeschwemmt wird (Erosion) oder an steilen Hängen sogar abrutscht. In den Bergen sind die Wälder ein guter **Lawinenschutz**.

Mach mit!

Es lohnt sich, die lockere Schicht auf dem Waldboden, die Laubstreuschicht, einmal genauer anzusehen. Hier wimmelt es von Tieren und winzigen Lebewesen wie Pilzen, die damit beschäftigt sind, den „Abfall“ zu zerkleinern und zu verwerten. So kommen auf einem Quadratmeter Waldboden im Schnitt zwei Millionen Tiere vor. Die meisten Tiere sind klein und am besten in einer Becherlupe zu beobachten. Vorsicht: Verletze die Tiere nicht und setze sie hinterher wieder zurück auf den Waldboden!

Kellerassel

Schwarzer Moderkäfer

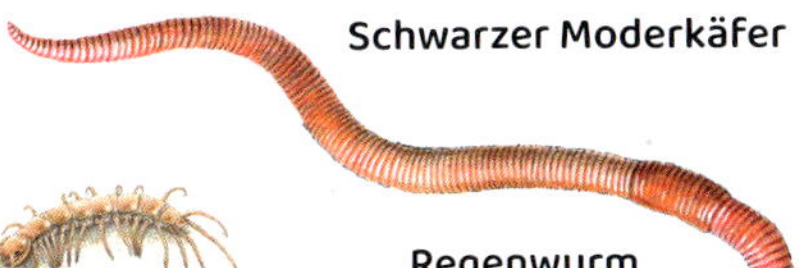

Regenwurm

Steinläufer

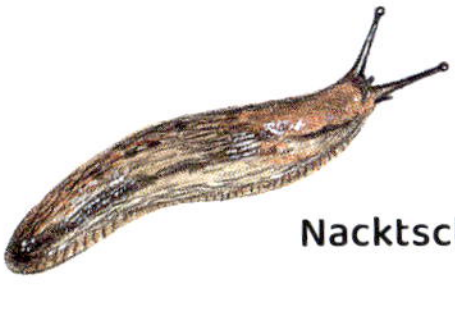

Nacktschnecke

Holz, zum Fressen gern

Nicht nur der Mensch interessiert sich für das Holz der Bäume. Viele Tiere brauchen es als Nahrung, zum Verstecken oder um ihre Eier darin abzulegen. Weißt du, was ein Kupferstecher, Buchdrucker oder Waldgärtner ist? Richtig, das sind zum Teil alte Berufsbezeichnungen. Aber so werden auch verschiedene **Borkenkäfer** genannt, deren hungrige Larven in der Rinde leben und die lebenswichtigen Schichten des Baumes fressen. Die Schädlinge mögen Fichten gern, deshalb sind reine Fichtenwälder besonders gefährdet.

Im Fichtenwald hat der Borkenkäfer zugeschlagen.

Mach mit!

Die Namen Kupferstecher und Buchdrucker verdanken die Käfer übrigens den Fraßgängen ihrer Larven. Löst du die abgestorbene Rinde von Bäumen, kannst du die Gänge entdecken. Sie haben ein charakteristisches Muster, an dem du die Art bestimmen kannst.

Nicht nur das Holz schmeckt vielen Insekten, auch die Blätter sind beliebt. In manchen Jahren kommt es zu Massenvermehrungen von bestimmten Schmetterlingen. Am bekanntesten ist der Eichenprozessionsspinner. Seine haarigen Raupen können im Frühjahr ganze Waldgebiete kahl fressen. Die Bäume bekommen zum Glück nach dem großen Fressen neue Blätter. Werden sie aber zwei oder drei Jahre hintereinander befallen, überstehen das die Bäume nur mit größeren Schäden. Auch für den Menschen sind die Raupen gefährlich. Sie haben giftige Brennhaare.

Eichenprozes-
sionsspinner

Kommt man ihnen zu nahe, können sie zu schmerzhaften Hautreizungen oder Husten führen. In manchen Fällen müssen Waldgebiete sogar abgesperrt werden.

Vor den Haaren der Raupen des Eichenprozessionsspinners sollte man sich in Acht nehmen!

Zu den großen Waldschädlingen gehören auch Pilze. Eigentlich sind sie für den Wald sehr wichtig, denn sie zersetzen mit anderen Organismen zusammen das abgestorbene Holz. Einige Arten befallen aber auch lebende Bäume und zerstören dabei langsam das Holz. Die Pilze dringen über kleine Verletzungen an der Rinde ein, der Baum wird von innen morsch und bricht irgendwann bei einem Sturm ab.

Erstaunlich!

Pilze bestehen unterirdisch aus einer Art Wurzelgeflecht, dem Myzel. Es durchzieht den Waldboden und totes Holz. Wenn du feuchtes, morsches Holz auseinanderbrichst, siehst du die weißlichen Fäden. In der Schweiz durchzieht das Myzel eines Hallimaschs den Waldboden auf einer Fläche von 500 × 800 Metern.

Mach mit!

Von den Hüten der Pilze kannst du schöne Sporenabdrücke machen. Sporen sind die Samen der Pilze und sitzen in den Lamellen und Röhren auf der Hutunterseite. Sammle verschiedene Pilzhüte, setze sie auf ein weißes Papier und lasse sie über Nacht stehen. Die Pilze verlieren ihre Sporen und hinterlassen schöne Abdrücke. Passe auf, dass kein Luftzug die Sporen wegpustet. Die Sporen können braun, gelblich, weiß, violett oder rosa sein.

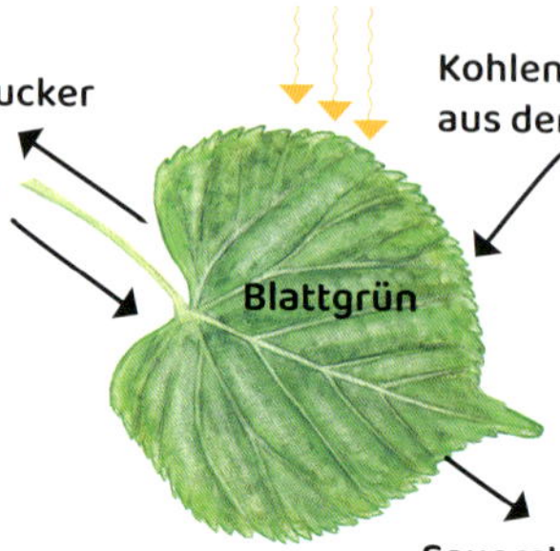

Blätter, Früchte, Samen

Stell dir vor, eine 20 Meter hohe Buche hat, je nachdem, wo sie steht, zwischen 200 000 und etwa 600 000 Blätter. Jedes Blatt ist wie ein kleines Kraftwerk, in dem mithilfe des Blattgrüns aus Sonnenlicht, Wasser und dem Gas Kohlendioxid Energie hergestellt wird, nämlich Zucker. An einem sonnigen Tag sind das immerhin 12 Kilogramm. Ein Teil wird als Stärke gespeichert. Mit dem Rest bildet der Baum neues Holz, neue Blätter oder Früchte. Dabei verbraucht er bis zu 400 Liter Wasser. Als „Abfall" entsteht dabei auch Sauerstoff für circa zehn Menschen. Dieser Vorgang in den Blättern wird **Fotosynthese** genannt.

Mach mit!

Jede Baumart hat ihre typische Blattform, an der du sie erkennst. Lege dir doch eine schöne Blattsammlung an: Du musst die Blätter nur zwischen Zeitungspapier pressen und trocknen. Dann klebst du jedes Blatt auf Papier und schreibst dazu, wie der Baum heißt und wann und wo du das Blatt gefunden hast.

Im Herbst beginnen Eichhörnchen, nach Vorräten zu suchen.

Bucheckern

Haselnüsse

Erstaunlich!

Eichel

Einige Früchte und Samen sind zu schwer, um vom Wind davongetragen zu werden. Sie brauchen die Hilfe von Tieren. Mäuse, Eichhörnchen oder Eichelhäher verstecken Bucheckern, Eicheln und Nüsse als Wintervorrat. Weil sie nicht alle wiederfinden, können diese Samen im Frühjahr auskeimen. Viele Früchte werden gefressen, die Samen aber an anderer Stelle wieder unversehrt ausgeschieden. So verbreiten sie sich über weite Strecken.

Linde

Esche

Mach mit!

Mit Blättern lassen sich tolle Sachen basteln, besonders im Herbst, wenn sie schön bunt sind. Du kannst Blättercollagen kleben oder einen Blätterabdruck machen. Dazu pinselst du ein Blatt mit Wasserfarbe an und drückst es dann auf ein weißes Papier. Blätter mit hervorstehenden Blattrippen kannst du gut mit einer Teigrolle in frischen Ton drücken. Das gibt einen wunderschönen Abdruck.

Spitz-Ahorn

Birke

Hain-Buche

Viele Baumarten können sich **mithilfe des Windes vermehren und verbreiten.** Deshalb haben die meisten Bäume eher unauffällige Blüten, denn sie müssen damit keine Insekten anlocken. Die winzigen Pollen werden mit dem Wind weitergetragen und finden so den Weg zu einer anderen Blüte. Und im Herbst verstreut der Baum seine Samen wieder mithilfe des Windes. Sie fliegen oder trudeln wie ein Hubschrauber mit kreiselnden Bewegungen zu Boden. Probiere es aus und lasse verschiedene Samen aus dem Fenster nach unten fliegen.

Mach mit!

Aus Blättern, Ästen, Früchten, Samen und Stöcken kannst du zu Hause hübsche Sachen basteln. Oder du überraschst Spaziergänger mit einem schönen Waldmandala, das du auf den Waldweg legst. Dabei entstehen richtige Kunstwerke. Es macht auch Spaß, am Wegrand ein Wichtelhaus aus Moos und Rindenstücken aufzubauen.

Leckereien aus dem Wald

Nicht nur Tiere finden im Wald reichlich zu fressen. Auch du kannst so manche Leckerei im Wald finden und sammeln. Oder du wappnest dich gegen die nächste Erkältung mit Kräutern aus der Waldapotheke.

Das Nussmus kannst du entweder zusammen mit Honig aufs Brötchen schmieren oder sogar zu selbst gemachter Schokocreme weiterverarbeiten.

Mach mit!

So geht ein Nussmus aus Haselnüssen: Gesammelte Haselnüsse knacken, auf ein Backblech geben und im Ofen leicht rösten (170 °C, 20 Minuten). Dabei löst sich die braune Haut. Die noch warmen Nüsse mit einem Mixer klein hacken. Dabei ein paar Tropfen Sonnenblumenöl dazugeben, bis ein Mus entsteht. In ein Marmeladenglas füllen.

Mach mit!

Für Fichtenspitzensirup brauchst du:

1 kg hellgrüne, frische Fichtentriebe (im Mai ernten)

1 kg Zucker oder Kandis

30 g Zitronensaft

kleine Flaschen

So geht's:

Frisch gesammelte Triebe waschen (bitte nicht nur von einem einzigen Baum zupfen, nur die Spitzentriebe pflücken). Die Triebe in eine Schüssel geben und knapp mit Wasser bedecken. Über Nacht ziehen lassen. Alles in einem Topf aufkochen, bis die Triebe die Farbe verlieren. Das Ganze durch ein Sieb oder Leinentuch abgießen. Den Sud mit dem Zucker und dem Zitronensaft zu einem Sirup aufkochen. Heiß in Flaschen abfüllen. Der Sirup schmeckt nicht nur gut, er hilft auch gegen Husten.

Mach mit!

Bei fiebrigen Erkältungen oder Grippe hilft seit Jahrhunderten Lindenblütentee. Da Linden häufig vorkommen, kannst du die Blüten für den Tee leicht selbst sammeln und trocknen. Am besten machst du das am Vormittag. Da die Blüten schon nach wenigen Tagen ihre Wirkstoffe verlieren, ist es wichtig, sie kurz nach dem Aufblühen zu pflücken. Sie sollten dabei auf keinen Fall zu feucht sein. Die Blüten trocknest du an einem warmen, aber schattigen Ort. Sind sie trocken, füllst du sie in eine dunkle Dose. Für eine Tasse Tee brauchst du zwei Teelöffel Lindenblüten, die zehn Minuten ziehen müssen.

Mach mit!

Für leckere Heidelbeermarmelade brauchst du:

1 kg Heidelbeeren

500 g Gelierzucker 2:1

1 Teelöffel Zitronensaft

3 bis 4 Marmeladengläser

So geht's:

Heidelbeeren waschen und dann mit dem Gelierzucker in einem Topf vermischen. Alles mit einem Pürierstab grob zerkleinern. Den Zitronensaft dazugeben und das Ganze zum Kochen bringen. Die Marmelade sollte etwa drei Minuten sprudelnd kochen. Danach den Schaum abschöpfen und die Marmelade in saubere Gläser füllen.

Vorsicht Fuchsbandwurm!

Iss keine Waldfrüchte, die du nicht kennst, und vor allem nichts roh, was in Bodennähe wächst. Denn dort auf den Pflanzen und Beeren kleben vielleicht die Eier des Fuchsbandwurms. Sie können dich krank machen. Wenn du Waldfrüchte essen willst, musst du sie kochen. Und wasche dir auf alle Fälle zu Hause die Hände.

Heidelbeeren sammeln ist anstrengend, aber für einen köstlichen Kuchen oder eine leckere Marmelade lohnt es sich allemal.

Nachts im Wald

Eine Nachtwanderung durch den Wald im Sommer ist etwas ganz Besonderes. Mit den Augen wirst du nicht mehr viel erkennen. Dafür werden deine anderen Sinne viel empfindlicher, du riechst, hörst und fühlst mehr. Trotzdem ist eine Taschenlampe ganz nützlich. So kannst du auch einmal dem Rascheln im Laub nachleuchten. In der Nacht sind viele Tiere unterwegs, denn die Dunkelheit schützt sie vor ihren tagaktiven Feinden. Doch auch jetzt müssen sie sich in Acht nehmen, zum Beispiel vor Eule oder Marder. Einen weiteren Vorteil hat die Nahrungssuche bei Nacht: Wären alle Tiere tagaktiv, müssten sie sich viel mehr ums Fressen streiten.

Auch der Fuchs ist auf der Jagd nach Mäusen in der Dämmerung unterwegs.

Mach mit!

Ob du die Bäume auch nachts oder mit geschlossenen Augen erkennst? Ein gutes Merkmal ist die Rinde. Mit den Fingern kannst du ertasten, ob die Rinde glatt, rau oder rissig ist. Oder du fühlst, ob die Blätter groß oder klein sind, glatt oder behaart, länglich oder rundlich. Vielleicht haben die Blätter auch einen eigenen Geruch. Probiere es einmal aus!

Erstaunlich!

Um auch in der Dämmerung gut sehen zu können, haben die Augen vieler nachtaktiver Tiere wie Marder, Katzen oder Wölfe eine reflektierende Schicht. Die Lichtstrahlen gehen zweimal durch die Netzhaut und aktivieren zweimal die lichtempfindlichen Sinneszellen. Vielleicht hast du schon mal nachts beim Autofahren die leuchtenden Augen einer Katze gesehen.

Mach mit!

Hast du schon einmal im Dunkeln im Wald Verstecken gespielt? Das macht richtig Spaß. Vorher müsst ihr aber genau festlegen, in welchem Gebiet ihr euch verstecken dürft. Du wirst schnell merken, dass es besonders auf die Ohren ankommt und auf die gute Tarnung. So kann es dir passieren, dass der Sucher dicht an dir vorbeigeht, ohne dich zu entdecken. Echt spannend!

Schau genau!

Einige Tiere können Licht selbst machen. In lauen Sommernächten blinken die Glühwürmchen am Waldrand ihre grünlichen Lichtsignale.

Glühwürmchen sind übrigens Käfer. Durch eine chemische Reaktion können sie an ihrem Hinterende das Licht erzeugen. Die flügellosen Weibchen sitzen im Gras und versuchen, mit den Lichtsignalen die fliegenden Männchen anzulocken. Die Männchen leuchten dagegen nicht so stark.

Erstaunlich!

Fledermäuse „sehen" mit ihren großen Ohren, ihre Augen sind zu klein und nachts nicht gut genug. Um sich in der Dämmerung zu orientieren, stoßen Fledermäuse für uns unhörbare Ultraschall-Rufe aus. Prallen die Schallwellen auf ein Hindernis, werden sie wieder zurückgeworfen. Die Fledermaus nimmt sie mit den Ohren wahr und kann dem Hindernis ausweichen. So funktioniert auch der Radar. Viele Naturschutzgruppen bieten abends Fledermauswanderungen an.

Wasserfledermaus

Mit speziellen Detektoren kann man die Fledermausrufe für uns hörbar machen.

Winterzeit

Im Winter macht der Wald eine Pause. Bäume und Büsche haben ihre Energiereserven im Stamm oder in der Wurzel gespeichert und die Blätter abgeworfen. Für die Tiere ist der Winter die härteste Jahreszeit, besonders wenn viel Schnee liegt und die Suche nach Futter schwierig wird. Jetzt bedeutet jede Störung einen unnötigen Energieverbrauch.

Ein langer Winter kann für Frischlinge gefährlich werden.

Erstaunlich!

Der Winterschlaf des Igels dauert fünf bis sechs Monate. In dieser Zeit setzt er seine Lebensfunktionen auf Sparflamme. Dabei sinkt seine Körpertemperatur fast auf die Umgebungstemperatur. Das Herz schlägt nur noch 2- bis 12-mal pro Minute statt 200-mal und statt 50-mal atmet der Igel nur noch 13-mal pro Minute. So spart er Energie.

Mach mit!

Sieh dir Moospflanzen einmal genauer an. Manche wachsen wie ein kleiner Miniwald. Wenn du dir die Moossterne und Sporenkapseln in Ruhe zu Hause ansehen willst, kannst du dir aus einem Einmachglas ein Moosglas machen. Erst kommen etwas Sand und Steine auf den Boden, dann deine kleinen Moosstücke. Stelle das Glas nicht in die pralle Sonne und halte es gleichmäßig feucht.

Mach mit!

Zur Weihnachtszeit kannst du deinen Adventskranz mit Fundstücken aus dem Wald schmücken. Dafür eignen sich besonders gut Hagebutten, Zapfen oder Nüsse. Daraus lassen sich auch schöne Girlanden basteln, die du um den Weihnachtsbaum legen kannst.

Vogeluhr

Eins der schönsten Erlebnisse ist im Mai ein Vogelkonzert im Wald. Dafür musst du sehr früh aufstehen, denn einige Arten singen schon vor dem Sonnenaufgang. Du kannst sogar fast deine Uhr nach den Vögeln stellen, denn die Arten richten sich nach der Sonne und fangen pünktlich zur gleichen Zeit vor oder nach dem Sonnenaufgang an. Als Erstes beginnt 90 Minuten vor Sonnenaufgang der Hausrotschwanz. Er lebt zwar nicht im Wald, aber vom Waldrand aus kannst du ihn sicher in der Nähe von Häusern hören. Schon 10 Minuten später beginnt das Rotkehlchen als erster Sänger im Wald. Kurz darauf flötet die Singdrossel ihr Lied. Etwa 60 Minuten vor Sonnenaufgang singen Ringeltaube und Amsel, 30 Minuten später der Buchfink. Ein Spätaufsteher ist der Star, der erst 10 Minuten nach Sonnenaufgang am Waldrand beginnt.

Hausrotschwanz
4.00 Uhr

Rotkehlchen
4.10 Uhr

Singdrossel
4.15 Uhr

Ringeltaube
4.30 Uhr

Amsel
4.30 Uhr

Star
5.40 Uhr

Buchfink
5.00 Uhr

Hier siehst du, wann die Vögel zu singen beginnen, wenn die Sonne im Mai um 5.30 Uhr aufgeht.

Mach mit!

Naturschutzvereine bieten im Frühjahr immer wieder Vogelstimmenexkursionen an oder auch extra Führungen zur Vogeluhr. Dabei lernst du die Vogelstimmen am schnellsten kennen.

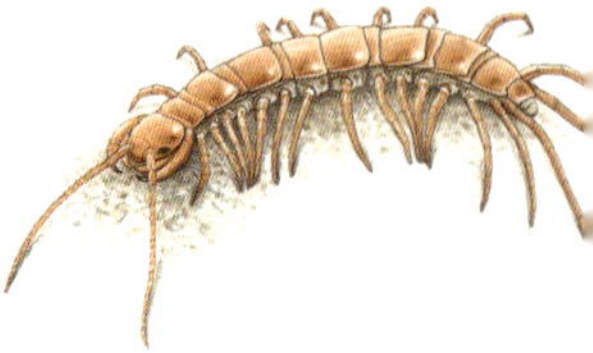

Schnelle Suche mit Stichwörtern

A
Abendsegler, Großer 33
Admiral 10
Ameise 17, 77
Ameisenhaufen 17, 59
Ameisensäure 17, 59
Amsel 55, 107
Aronstab, Gefleckter 73
Assel 25

B
Bärlauch 71, 73
Baumflechte, Graue 64
Baummarder 38
Baumschnirkelschnecke (siehe Gefleckte Schnirkelschnecke)
Baumwipfelpfad 97
Becherflechte, Echte 64
Berg-Ahorn 89
Birkenteer 87
Blatt 100
Blaubeere 83
Blaumeise 53
Bockkäfer 21
Borkenkäfer 98
Brennnessel 10, 11
Buchdrucker 98
Buchecker 54, 84, 100
Buchfink 54, 107
Buntspecht 56
Buschwindröschen 69, 73, 78

D
Dachs 42
Dunkle Erdhummel 12

E
Eberesche 91
Echte Becherflechte 64
Echte Waldrebe 80
Echter Wurmfarn 68
Edelmarder 38
Efeu 81
Eichel 88, 100
Eichelhäher 59
Eichen-Gallwespe 14
Eichenprozessions-spinner 98, 99
Eichhörnchen 36, 38
Eikokon 28
Erdhummel, Dunkle 12
Esche 90
Eule 61, 62

F
Feuerkäfer, Scharlachroter 22
Feuersalamander 30
Fichte 92
Fichten-Steinpilz 66
Fingerhut, Roter 74
Fledermaus 33, 105
Fliegenpilz 65
Forst 94
Fotosynthese 100
Frauenhaarmoos 63
Frucht 100
Frühlings-Platterbse 75
Fuchs 41, 104
Fuchs, Kleiner 11

G
Galle 14Gefleckte Schnirkelschnecke 32
Gefleckter Aronstab 73
Gelbhalsmaus 34
Gewölle 62
Glühwürmchen 105
Graue Baumflechte 64
Großer Abendsegler 33
Grüner Knollenblätterpilz 65

H
Hain-Buche 85
Hallimasch 99
Halsbock, Roter 21
Hänge-Birke 87
Haselnuss 100, 102
Hausrotschwanz 107
Heidelbeere 83, 103
Hirschkäfer 20
Hohler Lerchensporn 76
Hornisse 16

I/J
Igel 37
Jahresring 95

K
Kellerassel 25, 97
Kesselfalle 73
Kleiber 51
Kleiner Fuchs 10, 11
Knollenblätterpilz, Grüner 65
Kobel 36
Kohlmeise 52
Kolkrabe 58
Küchenschabe 24
Kuckuck 60
Kupferstecher 98

L

Landkärtchen 10
Lappländische Waldschabe 24
Laubfrosch 29
Laub-Streuschicht 97
Lawinenschutz 97
Leberblümchen 77
Lederlaufkäfer 18
Lerchensporn, Hohler 76
Luchs 40
Luftfilter 96

M

Maiglöckchen 71
Mammutbaum 94
Marderhund 39
März-Veilchen 78
Moos 96
Myzel 99

N

nachtaktiv 104
Nuss 100

P

Pfaffenhüttchen 82
Pilz 99
Porling 67
Preiselbeere 83

R

Reh 45
Riesenholzwespe 15
Ringeltaube 107
Rollassel 25
Rot-Buche 84
Rote Waldameise 17
Roter Fingerhut 74
Roter Halsbock 21
Rotfuchs 41
Rothirsch 46
Rotkehlchen 50, 82, 107

S

Saftkugler 25
Samen 100, 101
Scharlachroter Feuerkäfer 22
Schmalblättriges Weidenröschen 79
Schnirkelschnecke, Gefleckte 32
Schnurfüßer, Schwarzer 26
Schwarzdrossel 55
Schwarzer Schnurfüßer 26
Schwarzspecht 57
Siebenschläfer 35
Singdrossel 55, 107
Skorpionsfliege 13
Sommer-Linde 86
Spanische Wegschnecke 32
Spore 99
Star 107
Steinläufer 27
Steinmarder 38
Stiel-Eiche 88
Symbiose 65, 66

T

tagaktiv 104
Tagpfauenauge 10, 11
Tannenmeise 53
Totengräber 23
Trauben-Eiche 88

U

Urwald 94, 95

V

Vogelbeere 91
Vogeluhr 107

W

Waldameise, Rote 17
Waldbaumläufer 51
Waldeidechse 31
Waldgärtner 98
Waldkauz 61
Wald-Kiefer 93
Waldlaubsänger 49
Waldmeister 72
Wald-Mistkäfer 19
Waldohreule 62
Waldrebe, Echte 80
Wald-Sauerklee 70, 78
Waldschabe, Lappländische 24
Waldspitzmaus 37
Wald-Veilchen 78
Wald-Weidenröschen 79
Wald-Wolfspinne 28
Waschbär 39
Wasserfilter 96
Wasserspeicher 96
Wegschnecke, Span. 32
Weißmoos 63
Weiß-Tanne 92
Wildkatze 40
Wildschwein 43
Wintergoldhähnchen 47
Winter-Linde 86
Winterschlaf 106
Wolf 44
Wurmfarn, Echter 68

Z

Zaunkönig 48
Zecke 28
Zitronenfalter 11
Zunderschwamm 67

NABU
Macht Spaß. Macht Sinn.
Die Natur schützen mit dem NABU. Mach mit!
www.NABU.de/aktiv
© NABU/E. Neuling

Schwarzspecht
57

Kolkrabe
58

Eichelhäher
59

Kuckuck
60

Waldkauz
61

Waldohreule
62

Moose, Flechten, Pilze

Frauenhaarmoos
63

Graue Baumflechte
64

Fliegenpilz
65

Fichten-Steinpilz
66

Zunderschwamm
67

Farne, Blumen

Wurmfarn
68

Buschwindröschen
69

Wald-Sauerklee
70

Bärlauch
71

Waldmeister
72

Gefleckter Aronstab
73

Roter Fingerhut
74